Avaliação escolar:
em busca de sua compreensão

HÉLIA SONIA RAPHAEL

Avaliação escolar:
em busca de sua compreensão

editora brasiliense

Copyright by Hélia Sonia Raphael

*Nenhuma parte desta publicação pode ser gravada,
armazenada em sistemas eletrônicos, fotocopiada,
reproduzida por meios mecânicos ou outros quaisquer
sem autorização prévia do editor.*

ISBN 85-11-00045-3
Primeira edição, novembro de 1998
Revisão: Felice Morabito
Capa: Yvone Sarué

Dados Internacionais de Catalogação na Publicação (CIP)
(Câmara Brasileira do Livro, SP, Brasil)

Raphael, Hélia Sonia
    Avaliação escolar : em busca de sua compreensão /
Hélia Sonia Raphael. -- São Paulo : Brasiliense,
1998.

    Bibliografia.
    ISBN   85-11-00045-3

    1. Avaliação educacional 2. Avaliação
educacional - Brasil 3. Educação - Brasil
4. Educação - Filosofia 5. Ensino 6. Professores e
estudantes I. Título.

98-4471   CDD-370.7830981

Índices para catálogo sistemático:

1. Brasil : Avaliação educacional : Educação
    370.7830981

editora brasiliense s. a.
Rua Airi, 22 – Tatuapé
Cep 03310-010 – São Paulo – SP
Fone / Fax: (011) 218-1488
E-mail: brasilienseedit@uol.com.br

*Para Sérgio e Paula, que, no
cotidiano, me avaliam como mãe*

ÍNDICE

Prefácio 11

Apresentação 15

Introdução 19
1. O problema focalizado neste estudo 20

Capítulo I – A avaliação na sala de aula 25
1. Avaliação: momento ou processo? 31
2. Procedimentos de avaliação 36
   2.1. Português 36
   2.2. Matemática 40
   2.3. Ciências e Programas de Saúde 44
   2.4. História 46
   2.5. Geografia 50
3. Valor dos procedimentos de avaliação utilizados 52
4. Créditos: avaliação da participação 60
5. Onde fica a auto-avaliação? 66
6. A escola que temos e a que pensamos ter 72

Capítulo II – A prova: vilã ou boi de piranha? 75
1. As provas 81
   1.1. Provas objetivas 82

1.2. Provas dissertativas 93
2. O uso da prova 95
3. A ideologia no uso da prova 101
4. Fundamento epistemológico da prova 106
5. Vilã ou boi de piranha? 109

**Capítulo III – A interpretação dos dados obtidos na
avaliação: correção e transformação em conceitos** 115
1. Nota ou conceito 117
2. Outra questão: a média 122
3. O mínimo necessário em nossas escolas 127
4. Valores subjacentes à avaliação 131
5. A teoria, a prática e a lei 135

Capítulo IV – A lei, ora a lei... 143

Capítulo V – Considerações finais 153
1. Implicações psicológicas 154
2. Implicações sociais 155
3. Implicações políticas 156

Anexo 161

Bibliografia 163

A Autora 171

ÍNDICE DOS GRÁFICOS

Gráfico 1 – Número de instrumentos utilizados por bimestre 31

Gráfico 2 – Natureza e conteúdo das questões de Português 37

Gráfico 3 – Natureza e conteúdo das questões de Matemática 42

Gráfico 4 – Natureza e conteúdo das questões de Ciências 45

Gráfico 5 – Natureza e conteúdo das questões de Geografia 50

Gráfico 6 – Forma de apresentação dos instrumentos de avaliação ... 54

Gráfico 7 – Instrumentos que têm maior peso na menção final 55

Gráfico 8 – Atribuição de créditos 60

Gráfico 9 – Uso de instrumentos de auto-avaliação e incorporação de seus resultados à menção final 67

Gráfico 10 – Peso da prova em relação ao trabalho de sala de aula 77

Gráfico 11 – Inferência sobre o peso da prova e do trabalho de sala de aula 79

Gráfico 12 – Eficiência da prova como instrumento de avaliação escolar 80

Gráfico 13 – Motivos do uso da prova 98

Gráfico 14 – Instrumentos que apresentam o pior desempenho dos alunos 107

Gráfico 15 – Escala usada para correção de provas 119

Gráfico 16 – Critérios de média para a atribuição da síntese bimestral 123

Gráfico 17 – Critérios de aprendizagem do aluno para o mínimo essencial ou menção C (quantidade ou qualidade) 128

Gráfico 18 – Influência de instrumentos administrativos no critério de avaliação 139

Gráfico 19 – Conhecimento, pelo professor, das normas de avaliação contidas no Regimento 144

Gráfico 20 – Definição operacional das menções pelos professores ... 145

Gráfico 21 – Distinção entre objetivos essenciais e complementares no plano de ensino 148

Gráfico 22 – Como os professores avaliam objetivos essenciais e complementares 149

PREFÁCIO

Um dos mais graves problemas enfrentados pelo Brasil na área educacional, sobretudo nas últimas décadas, é o fracasso escolar.

Essa expressão – fracasso escolar – ganhou as manchetes dos meios brasileiros de comunicação para anunciar a imensa maioria de crianças que se tornam repetentes e/ou se evadem das escolas. Essa notícia significa que as escolas, especialmente as escolas públicas brasileiras de todos os estados, fracassam em cumprir sua função. Tais escolas não conseguem ser espaços de transmissão/apropriação do conhecimento organizado, sobretudo para as crianças que mais precisam delas, ou seja, o alunado de grupos sociais mais desprivilegiados dos pontos de vista social, econômico e cultural.

Não é demais reafirmar a já conhecida imagem da pirâmide educacional, que representa a diminuta parcela de estudantes que conseguem alcançar os últimos anos do ensino de 2.º grau, pois abandonam a escola ao longo de seu trajeto. Acresçam-se a tais dados os resultados finais daqueles que, persistindo teimosamente, conseguem terminar alguns degraus da escada, mas não dominam adequadamente os conteúdos, de forma a viver uma vida cidadã. As causas de tal situação têm sido estudadas e divulgadas, configurando um quadro complexo, com razões sociais e econômicas das famílias e contextos em que vivem tais estudantes, mas também há inúmeras razões de ordem interna aos órgãos governamentais que administram a educação e às escolas. E é por isso que reafirmo, aqui, tais dados.

A análise da vida interna das escolas tem crescido nos últimos anos. Orientada por questões voltadas a uma compreensão mais global dessas instituições e sua inserção social, bem como orientada por questões relativas à qualidade do trabalho educativo realizado em seu interior, focaliza o trabalho de sala de aula e as condições institucionais em que é realizado, entre outros fatores.

Um ponto que considero crucial, nesse último conjunto de fatores do trabalho educativo e diretamente relacionado à seletividade escolar, é o relativo à avaliação escolar. Considero a avaliação escolar um ponto de estrangulamento nas escolas, seja qual for a dimensão em que a focalizemos.

A dimensão maior da avaliação das escolas – a de sistema nacional de educação – apareceu nos parágrafos iniciais deste prefácio, quando se aponta a falência da escola em cumprir seu papel e não atender à imensa maioria da população da nação. Entretanto, essa é a ponta que aparece publicamente, a copa da frondosa árvore, sendo que suas raízes mais fundamentais – e, portanto, ainda escondidas – estão no interior das salas de aula, no trabalho educativo do dia-a-dia de professores e alunos e na inexistência de processos avaliativos mais gerais das escolas, sobretudo na sua faceta qualitativa. Os processos seletivos que se desenrolam no interior das escolas são ingredientes da seiva fundamental que nutre a formosa copa do fracasso, expondo o país à vergonhosa situação mundial em que nos encontramos.

É a essa temática – difícil e ao mesmo tempo estratégica – que o livro de Hélia Sonia Raphael se dedica.

É uma temática difícil, pois tem inúmeras interligações dentro do próprio processo educativo, fundamentos teóricos variados, ou, como costumamos dizer em linguagem popular, constitui, no campo educacional, uma verdadeira "casa de vespas". Sua dificuldade técnica e seu necessário comprometimento político são aspectos que levam poucas pessoas a desejar se expor, a tratar de suas facetas, sendo, assim, uma área relativamente pouco estudada entre nós.

Embora difícil, pode-se perceber por que considero estratégica tal temática: há que se dedicar horas de reflexão e busca de informações e soluções para o enfrentamento de uma situação que não pode persistir.

Sonia – como a autora prefere ser chamada – foi minha orientanda no mestrado e pude comprovar que seu trabalho, apresentado neste livro, caminhou nessa direção.

Focalizando a escola por dentro, investigou professores, procurando captar representações e práticas de professores que lecionam em classes da 5.ª à 8.ª série de escolas públicas naqueles componentes que reprovam os alunos: Português, Matemática, Ciências e Programas de Saúde, História e Geografia.

Sua longa vivência profissional nas escolas da rede pública, aliada à sua condição de pesquisadora, permitiu à autora a apresentação de um trabalho denso de dados. A análise feita a partir das informações obtidas permitiu detectar o sistema classificatório utilizado, e, conseqüentemente, o processo seletivo que se vai estruturando nas séries a partir dos hábitos e valores subjacentes às práticas de sala de aula. Justificativas e julgamentos apresentados pelos docentes revelam os juízos de valor orientadores das atitudes avaliativas realizadas por eles no dia-a-dia das escolas.

É assim que vemos desenrolarem-se em seu texto cenas e depoimentos relativos ao uso de questionários, provas, trabalhos de classe, os motivos do uso de tais instrumentos e as rotinas usadas pelos professores para transformar as notas em conceitos. Desconhecendo a legislação, carentes de orientação do pessoal técnico das escolas e do sistema escolar, os professores e alunos ficam à mercê da ideologia, da ausência de reflexão sobre o próprio trabalho e da desarticulação do conjunto de tal trabalho nas diferentes esferas da educação.

Para mim foi uma satisfação muito grande atender ao pedido para prefaciar o livro de Sonia. Penso que a leitura do seu livro é de fundamental importância para todos os que se dedicam à formação de professores, aos próprios professores em formação, seja nos cursos iniciais (Magistério ou Licenciatura), seja nos processos de educação continuada e para pesquisadores, pois auxilia a compreensão da nossa realidade escolar nessa temática por ela trabalhada, bem como a detecção de aspectos a serem mudados buscando o urgente redimensionamento de conceitos e práticas.

ALDA JUNQUEIRA MARIN
Araraquara, novembro de 1995

APRESENTAÇÃO

Escrevi em 1990 que uma escola pública é um local de trabalho único, ainda que não seja, necessariamente, um local de trabalho unitário. Disse então que em seu interior os trabalhadores do ensino se reúnem para produzir "passagens": do mundo iletrado ao mundo letrado; das "primeiras letras" ao universo do discurso: da linguagem informal às linguagens sistematizadas; da cultura "popular" à cultura "erudita"; da intuição pessoal ao saber historicamente organizado. Disse ainda que em todas essas passagens e em outras que poderiam ser enumeradas a idéia-força, o propósito implícito ou manifesto é o da "elevação". Uma escola, qualquer que seja, existe para "elevar" seus alunos, para "passá-los" de um momento de vida insuficiente, insatisfatório, incompleto, para outros momentos que se desdobrarão em direção a um horizonte vislumbrado e em permanente construção. Disse também que uma escola pública é isso, mas, ao mesmo tempo, é mais do que isso, uma vez que os trabalhadores do ensino que se reúnem em seu interior não têm apenas que produzir "passagens" que signifiquem "elevações" individuais. Eles têm que produzir, individualmente e coletivamente, a grande "passagem" do direito postulado à realização efetiva da educação popular. É nesse sentido, finalmente, que a escola pública se constitui em entidade única. Apenas ela se incumbe de pensar e realizar a educação do conjunto da população, de conceber e promover a materialização do interesse coletivo.

No momento em que essas coisas foram pensadas e ditas por mim, Hélia Sonia Raphael desenvolvia sua dissertação de mestrado junto ao Curso de Pós-Graduação em Educação da Unesp, do qual eu era o coordenador. Seu trabalho, exemplarmente concluído e defendido algum tempo depois, viria a se transformar neste livro, que tenho a satisfação de apresentar.

São muitos os motivos determinantes dessa satisfação. O primeiro deles diz respeito à profunda sintonia entre a pesquisa desenvolvida e os propósitos do Curso de Pós-Graduação em que ela se projetou e se desenvolveu. Desde seus primeiros momentos de concepção e de planejamento, o Curso de Pós-Graduação em Educação da Unesp assumiu como sua proposta principal de trabalho o compromisso da construção de respostas efetivas às perguntas postas pelos grandes problemas da educação brasileira atual, em especial por aqueles problemas que mais se acentuam em relação à organização e ao funcionamento de nossas escolas públicas.

Ao enfrentar o desafio de examinar *in loco* o processo de avaliação do desempenho escolar dos alunos de nossas escolas públicas, Sonia aponta a seu leitor o quadro doloroso da realidade existente, mas lhe indica também, além da necessidade, a possibilidade de superação desse quadro insensato e insensível.

Ao contrário do quadro investigado, sensatez e sensibilidade são as marcas do trabalho realizado, no qual se equilibram o rigor metodológico do tratamento do tema com a capacidade de intervenção que a relevância social do problema suscita e requer. Poder constatar essas qualidades neste livro constitui o segundo motivo de minha satisfação.

O terceiro motivo se refere à própria publicação de um trabalho acadêmico sob a forma de livro. Também escrevi há algum tempo que à prática científica não basta sua própria cientificidade; é preciso que ela produza ainda sua inteligibilidade. Quer isso dizer que o conhecimento produzido na Universidade ou em qualquer outra instituição de pesquisa só terá completado o circuito de sua legitimação quando se tornar disponível e acessível a todos os que ajudaram a sua produção e necessitam da sua utilização.

Mais do que nunca, é necessário e desejável que professores e alunos de nossas escolas públicas reflitam sobre os significados das práticas de avaliação que promovem ou a que se submetem.

Para auxiliá-los e a todos nós na busca dessa significação, podemos contar com a importante contribuição deste livro e de sua autora.

CELESTINO ALVES DA SILVA JÚNIOR

INTRODUÇÃO

Medir e avaliar a aprendizagem dos alunos sempre foi uma preocupação dos educadores. Na medida em que a educação formal se reveste de maior complexidade, seja pela abrangência de grande número de aspectos a ser trabalhados, seja pelas características de uma clientela carente e numerosa, aumentam as cobranças aos professores, e a tarefa docente se torna cada vez mais complexa.

As críticas dirigidas à escola fundamental, hoje, têm por alvo seu produto final – alunos incapazes de ler, escrever ou realizar corretamente um cálculo aritmético – e, em conseqüência, as técnicas utilizadas para atingi-lo. As técnicas pedagógicas – entre as quais as técnicas de avaliação – têm por objetivo obter eficiência na produção escolar. Na medida em que esta se apresenta ineficiente, as técnicas passam a ser questionadas e retratadas como não confiáveis. As tarefas ligadas à avaliação, quando assim configuradas, podem pôr em dúvida todo o processo de ensino-aprendizagem, por apresentar resultados não válidos ou com baixo grau de confiabilidade. Mas a problemática vai além de uma análise das técnicas utilizadas no cotidiano. Essas técnicas, mais do que o simples "fazer" pedagógico, estão ligadas a valores que as norteiam, bem como orientam a política da escola fundamental.

As mudanças legais, teóricas e práticas que ocorreram nos

últimos 25 anos, analisadas em seu conjunto, procuram levar à visão de que, enquanto produto final, a representação do rendimento escolar, seja em nota, seja em menção, deve transmitir, com validade, o aproveitamento do aluno em determinada área. Um dos maiores problemas para obter essa representação de forma válida é, sem dúvida, o tipo de instrumento e a utilização deste a par das práticas cotidianas.

O sistema avaliatório das escolas fundamentais foi alvo de diversas alterações legais – regulamentações, deliberações, decretos – até se chegar ao sistema de menções que vigora atualmente. Mas não se pode acreditar que essa forma de representação do resultado da aprendizagem reflita fielmente a realidade. A maioria dos professores não tem clara a distinção entre mensuração e avaliação, executando muito mais o processo de medir, que evidencia quanto o aluno sabe e não o que e como sabe. O sistema de menções e o conceito operacional correspondente representaram uma tentativa de se passar da mensuração, de caráter quantitativo, para a avaliação, de caráter eminentemente qualitativo. Ao que parece, esse objetivo não foi atingido, pelo enfoque aritmético dado pelos professores às verificações de aprendizagem.

1. O problema focalizado neste estudo

A problemática que se afigura na avaliação, em nossas escolas, merece esforços no sentido de tentar compreender seus diversos aspectos. Neste trabalho, o aspecto axial focalizado é o das práticas dos professores em sala de aula quanto às atividades de avaliação escolar. Essas práticas foram levantadas tendo como base respostas dadas pelos próprios professores; constitui, portanto, um estudo das práticas utilizadas por eles, ou seja, vistas pela ótica dos próprios agentes. Os dados empíricos constituem representações que os professores fazem dessa atividade pedagógica. Pretende-se, assim, identificar, descrever e interpretar condutas, hábitos e valores manifestados pelos professores da escola fundamental na narrativa que fazem sobre o processo de avaliação da aprendizagem.

A descrição dos dados prende-se às respostas obtidas: como os professores representam os fatos ocorridos no cotidiano da escola, que justificativas apresentam para eles, como chegam a julgamentos sobre o aluno. A entrevista aberta ofereceu dados para identificar significações e dificuldades sofridas. O roteiro consta em anexo. A interpretação desses dados é feita no contexto de uma pesquisa qualitativa, à luz de referências teóricas, com categorias emanadas dos próprios dados.

Configura-se, assim, o estudo numa análise que não foi buscada no fato, mas na representação dele, numa extensão do que é a pessoa uma vez que a habilita ao conhecimento: a linguagem. A própria descrição dos dados está atrelada a essa representação, como essência. Antes da descrição, o levantamento do problema já estava fundamentado nas representações dos professores, por meio de um estudo preliminar.

A opção de fundamentar este estudo em cinco disciplinas do currículo da 5.ª à 8.ª série teve como referências dois pontos que se faziam básicos para o projeto de trabalho. São eles:

1) As cinco disciplinas fazem parte do núcleo comum das quatro séries terminais da escola fundamental, na condição de classificatórias, isto é, têm a característica de, ao final do ano letivo, aprovar ou reprovar o aluno.
2) A concentração nas séries terminais deve-se ao fato de o público-alvo formar-se de professores que freqüentaram curso universitário.

O fato de se lidar com disciplinas classificatórias imprime configuração à avaliação, que traz implícita a característica de discriminar alunos que tenham condição de freqüentar a série posterior. A classificação é algo que não pode fugir ao sistema seriado; interessa ao trabalho descrever e analisar em que condições ela se processa, como condiciona a prática dos professores e de que forma opera o sistema de exclusão do alunado presente nas escolas nessa faixa de atendimento.

A delimitação do grupo pesquisado, no sentido de colher dados dos professores com qualificação completa (todos têm nível universitário), indica pistas para a análise da sua formação e do conteúdo das licenciaturas.

A partir do levantamento de dados da realidade e de referências teóricas e legais, pretende-se chegar à descrição, à análise e à interpretação das representações que os professores fazem da prática de avaliação. Tenta-se perceber, ao longo de todo o trabalho, qual a intencionalidade subjacente às práticas descritas. É a partir dessa intencionalidade que se pode analisar e interpretar a avaliação, tendo como pano de fundo uma proposta teórica e uma proposta legal.

Considerando os instrumentos de aferição de aprendizagem como a parte concretizada da representação dos professores, estabeleceu-se como objetivo a análise de instrumentos, de forma a complementar as respostas obtidas.

A descrição, a análise e a interpretação – objetivos do trabalho – convergem para um enfoque mais amplo: entender de que forma as práticas de avaliação colaboram para a consecução de uma política de educação, cotejando a prática com orientações emanadas dos órgãos normativos da educação.

O trabalho norteou-se por focos de problemas descritos na pesquisa bibliográfica e coletados nos dados da realidade. Portanto, a seqüência lógica do relato se baseia em núcleos, que constituem focos do problema maior.

Considerando-se o objetivo principal do trabalho, que consiste em aprofundar o conhecimento sobre as práticas avaliativas na escola, tentando desvelar aspectos subjacentes do fazer cotidiano, optou-se por uma abordagem qualitativa de pesquisa.

A investigação foi feita junto aos professores de duas escolas de ensino fundamental da rede pública paulista, totalizando 26 docentes. Uma das escolas, denominada em todo o trabalho "Escola A", tem clientela predominantemente de classe média e está inserida em bairro com recursos urbanos e sociais. A outra escola é de clientela pertencente à classe popular e está situada em um núcleo habitacional na periferia da cidade; na pesquisa é denominada "Escola B". A Escola A tem dois períodos de funcionamento, manhã e tarde, cada um com diversificação de classes. A Escola B funciona em três períodos, manhã, tarde e noite, com a faixa pesquisada situando-se nos dois últimos.

Além dessas escolas, contava-se com um levantamento inicial com questões pesquisadas junto aos professores da rede pública, que serviram como dados preliminares.

Os procedimentos usados foram, em sua maior parte, duas entrevistas com cada professor, nas quais se procurou captar o enfoque de cada um sobre problemas pertinentes à avaliação. Como se pretendia obter informações sobre o mesmo assunto de todos os pesquisados, foi usada a entrevista padronizada. Por outro lado, pretendia-se sentir o grau de informação, os julgamentos e os sentimentos de cada um; portanto, as perguntas foram de tipo aberto. Como as respostas se concentravam muito nas avaliações escritas – a prova –, decidiu-se usar o procedimento de análise dos instrumentos escritos de avaliação.

Quanto à análise dos dados, sempre serviu como pano de fundo a vivência da própria pesquisadora na escola fundamental. Esse fator foi de grande importância para que se obtivesse uma descrição densa do problema, nos moldes sugeridos por GEERTZ (1989). Os dados empíricos foram, ainda, cotejados com a legislação escolar vigente, uma vez que esta reflete a política educacional assumida pelo Estado, da qual emana toda a forma de pensar que perpassa a escola.

Finalmente, foram utilizadas como referencial teórico para análise dos dados obras que tratam de propostas para a avaliação do rendimento escolar, seja no aspecto técnico, seja no sociopolítico.

Os dados obtidos foram categorizados a fim de se passar à fase de análise e interpretação. Procurou-se proceder segundo o referencial etnográfico de GEERTZ (1989), de modo a se obter uma descrição densa cujo fundamento são as categorias culturais, passíveis de interpretação. Isso implica optar por um esquema de significação entre os existentes ou construir um que, inevitavelmente, contém elementos constitutivos de outrem. A descrição densa só foi possível devido a um elemento decisivo, que atuou na análise dos dados: a vivência da pesquisadora junto à escola fundamental, em vários cargos, ao longo de muitos anos.

As categorias construídas deram origem aos focos de estudo do problema da avaliação. Cada um desses focos é objeto de um capítulo. São eles:

1) Os procedimentos de sala de aula, tratados no capítulo I.
2) A prova, comentada no capítulo II.
3) As formas de correção e atribuição de menções, objeto do capítulo III.
4) O conhecimento, pelos professores, dos tópicos legais essenciais à aplicação do sistema de avaliação proposto pelo Estado, discutido no capítulo IV.

CAPÍTULO I

A AVALIAÇÃO NA SALA DE AULA

A avaliação é uma atividade, ou um conjunto delas, própria do ser humano e tão antiga quanto o surgimento da consciência do valor. Pela própria etimologia da palavra, avaliação significa "dar valor" a alguma coisa. Esse valor surge, sem dúvida, da comparação entre o objeto avaliado e outros objetos, para a emissão de um juízo de valor por alguém, numa dada situação. A avaliação não é uma atividade primária; a avaliação da aprendizagem escolar, muito menos. Avaliar implica um processo de julgamento, na sua essência. Julga-se melhor na medida em que se conhece melhor o objeto.

Para se ter idéia da complexidade da avaliação e sua expressão essencial, o juízo de valor, basta lembrar o método utilizado nos tribunais de júri: cada jurado vai, ao longo do processo, formar um juízo de valor sobre o réu para concluir se é culpado ou inocente. Cada um dos jurados procura formar juízos de valor sobre a questão mediante as informações que lhe são passadas, constantes nos autos, e pela oratória dos promotores e advogados. Quanto mais informações se tiver sobre o caso, mais próxima da verdade pode ser a conjectura pessoal de cada jurado.

Assim também, no rendimento escolar, quanto mais informações se tiver a respeito da relação aluno–conhecimento, mais perto se está de uma avaliação real e justa.

Essas informações são produto de atividades cotidianas em

sala de aula. São baseadas em dados objetivos, concretos, constantes e denominam-se medidas.

"Pode-se definir medida como a atribuição de um número incluído numa série a cada um dos integrantes de uma série de pessoas ou objetos, de acordo com certas regras estabelecidas." (LINDEMAN, 1987: 1)

A medida, por se realizar num momento determinado, usar uma escala numérica e visar a um aspecto único do objeto, pretende ser objetiva, às vezes exata em níveis sofisticados. Mas nem sempre o ato de medir obtém resultados precisos. É esse o caso das medidas utilizadas em educação. É tarefa bastante complexa aferir até que ponto um aluno aprendeu realmente, uma vez que múltiplos fatores interferem, inclusive a forma de mensuração, podendo pôr em dúvida o resultado.

Quando dizemos que o método de mensurar é um dos fatores que podem interferir no resultado obtido, estamos nos referindo à validade da mensuração. Pode-se considerar válida uma medida em educação quando ela "mede o que se propõe medir" (POPHAM, 1983: 164). A construção do instrumento requer cuidados para que ele esteja de acordo com os conteúdos, as habilidades, os objetivos que pretende medir. Essa construção é da responsabilidade do professor, pois é ele quem propõe os objetivos a ser atingidos, os conteúdos significativos e as habilidades necessárias.

Além da validade, o instrumento deve ser fidedigno, ou seja, deve oferecer alto grau de consistência. Um alto grau de consistência é obtido quando o resultado não se dá ao acaso. Aplicado em outra ocasião, em diferentes circunstâncias, o resultado obtido deve ser o mesmo: tem-se aí um instrumento com alto grau de fidedignidade. Aliás, o fato de ser fidedigno é uma condição para o instrumento ser válido; todavia, apresentar fidedignidade por si só não garante validade. A fidedignidade é condição necessária mas não suficiente à validade.

Essas considerações sobre a medida educacional são necessárias porque ela é o primeiro passo para se fazer avaliação. Como avaliar, emitir juízos de valor, sem dados suficientes e válidos? Pode-se desde já perceber o quanto é complicado o processo de avaliação do rendimento escolar, pois a medida, unidade mais simples do processo, se apresenta de forma complexa. Isso ocorre por não contarmos com instrumentos precisos. A precisão do instrumento elaborado pelo professor dependerá do seu conhecimento e compromisso, para obter uma avaliação séria e confiável.

As informações sobre o rendimento dos alunos foram alvo de estudo intensivo a partir dos anos 30, quando TYLER introduziu vários procedimentos para a coleta delas. Na proposta de TYLER, a avaliação, ou julgamento emitido em função dessas informações, tinha por referência os objetivos curriculares. Assim, a avaliação por objetivos, proposta por ele e ampliada por vários autores, se caracteriza por procedimentos que permitem verificar o desempenho dos alunos ante os objetivos propostos. Esses expressam as mudanças esperadas no comportamento, tendo em vista os objetivos educacionais. Visa, em última instância, a avaliar o grau em que estão sendo cumpridos pela escola os objetivos do sistema educacional.

A concepção de um modelo de avaliação por objetivos, iniciada por TYLER, teria prosseguimento sob várias formas de desenvolvimento curricular, do qual faz parte a avaliação, com o caráter de controle.

Outra distinção que se deve fazer, em se tratando da avaliação do rendimento escolar, é entre avaliação formativa e avaliação somativa. Atribuída a Michel SCRIVEN, essa distinção é retomada por William James POPHAM e amplamente analisada por B. S. BLOOM e outros no *Manual de avaliação formativa e somativa do aprendizado escolar*. A avaliação formativa consiste em

"testes de diagnósticos do progresso do aluno para determinar se cada aluno havia dominado a unidade e, caso contrário, o que ele ainda deveria fazer para dominá-la" (BLOOM, 1983: 60).

A avaliação somativa tem outros objetivos,

"tais como classificar os alunos e transmitir os resultados para pais e administradores" (BLOOM, 1983: 67).

O avaliador formativo tem por objetivo melhorar o próprio processo dentro do qual está trabalhando, utilizando técnicas adequadas. Já o avaliador somativo procura a objetividade externa, trabalhando com seqüências já terminadas, que podem levar à decisão. Portanto, as atividades implícitas em uma avaliação formativa são muito mais participativas por parte de professores e alunos. O professor deve buscar essa participação constantemente, para que sua avaliação seja realmente formativa. A avaliação somativa, por sua vez, avalia muito mais o ensino do que a aprendizagem, pois de seu resultado depende uma série de decisões para se prosseguir ou alterar o projeto proposto.

BLOOM e outros (1983) detalham a operacionalização dessas duas modalidades. Para a avaliação formativa, o primeiro passo é fracionar o assunto em unidades menores. Essas unidades, ou elementos do tópico a ser estudado, podem compor-se em termos específicos do fato, ocorrências específicas, aplicação de princípios, chegando a tarefas mais complexas, como a análise de afirmações teóricas. Cada fração da unidade é avaliada após o término da parte que se quer avaliar. Assim, em uma única unidade é realizada uma série de tarefas, o que ajuda a assegurar que cada fração foi dominada. No caso de ocorrer falha no domínio de alguma parte, esse instrumento, por ter pequena amplitude, pode oferecer um diagnóstico das dificuldades. BLOOM é da opinião de que

"não se devem atribuir notas ou conceitos aos testes formativos. Os testes devem ser avaliados de modo a indicar se houve domínio ou falta de domínio" (1983: 60).

As avaliações somativas se destinam a testar comportamentos mais amplos, como a capacidade de ser aprovado para a série seguinte ou emitir um juízo de valor, por meio de um conceito, menção ou nota. Tem ainda por alvo

"uma avaliação muito geral do grau em que os objetivos mais amplos foram atingidos durante todo o curso ou durante alguma parte substancial dele" (BLOOM, 1983: 67).

A esses dois tipos de avaliação – formativa e somativa –, Bloom acrescenta um terceiro: a avaliação diagnóstica. Justifica essa categorização pelos objetivos de cada uma delas:

"[...] os dois propósitos do diagnóstico o distinguem das demais formas de avaliação: seja o de uma localização adequada do aluno no início da instrução, seja o de descobrir as causas subjacentes às deficiências de aprendizagem, à medida que o ensino evolui" (1983: 97).

Assim, a avaliação diagnóstica, aplicada no início do ano letivo, pode auxiliar o professor a localizar seu ponto de partida para o ensino. Pode também oferecer a situação de cada um dos alunos, para um trabalho posterior. O instrumento utilizado é semelhante ao da avaliação somativa, desde que tomadas as cautelas necessárias para cumprir o objetivo:

"[...] uma única nota encobre, mais do que revela. Ela não revela a variação na aprendizagem de objetivo para objetivo e, portanto, não fornece informação diagnóstica que permita uma colocação bem-feita" (BLOOM, 1983: 99).

POPHAM (1976) faz ainda uma consideração sobre outro enfoque das medidas educacionais. Segundo o autor, elas podem ter por referência normas ou podem fundamentar-se em critérios. As medidas baseadas em normas atribuem resultados, comparando o desempenho do aluno em relação ao grupo, resultando portanto numa medida relativa. As notas ou conceitos são baseados numa curva normal, o que fornece uma média da classe e a distribuição das demais notas tendo como referência essa média. As medidas por critério comparam o desempenho do aluno em relação a um critério preestabelecido. Resulta em medidas absolutas. A prova referenciada em norma tem por característica o poder de seletividade; um instrumento construído com base em critérios tem por princípio a formulação de questões que correspondem a comportamentos compatíveis com o critério estabelecido.

LUCKESI (1990), entre as várias proposições que faz sobre a prática educativa da avaliação, identifica uma fenomenologia da aferição do rendimento escolar. Essa descreve três atividades que compõem a prática. A primeira, reconhecida pelos professores como essencial a uma definição de resultados, é a medida, que tem como unidade, no instrumento avaliativo, o acerto. Esses acertos são transformados em pontos, de acordo com o critério de correção do professor. A segunda atividade é a transformação do resultado obtido nessa mensuração em nota ou conceito, e a obtenção de uma média final que exprime o desempenho do aluno nos diferentes instrumentos. Finalmente, a última atividade é a que delimita e caracteriza o uso dos resultados. O resultado pode simplesmente ser registrado no diário de classe ou no boletim do aluno; pode fazer com que se ofereçam novas oportunidades para melhoria de resultado; ou pode, ainda, servir a uma tomada de decisão sobre a organização do trabalho pedagógico, no sentido de levar os alunos a uma aprendizagem efetiva.

Essa última atividade é que dá ou não a feição de avaliação ao que é praticado na escola. A avaliação traz implícita uma decisão em seu processo. Como isso raramente acontece, LUCKESI argumenta que a escola não faz avaliação, mas verificação do aprendido, que se encerra com a obtenção do resultado, por entender que a decisão poucas vezes ocorre. A decisão que deixa de existir, segundo o autor, refere-se a uma tomada de posição no sentido da melhoria do processo ensino–aprendizagem. Entretanto, não deixa de haver uma decisão por parte do professor, que é essencialmente classificatória diante dos resultados obtidos. A decisão assume, assim, caráter estático, e não de momento dinamizador, no sentido reflexivo e prático.

> "A avaliação, diferentemente da verificação, envolve um ato que ultrapassa a obtenção de configuração do objeto, exigindo decisão do que fazer ante ou com ele. A verificação é uma ação que 'congela' o objeto; a avaliação, por sua vez, direciona o objeto numa trilha dinâmica de ação." (LUCKESI, 1990: 76)

1. Avaliação: momento ou processo?

Apesar da variedade de enfoques apresentada no estudo da avaliação de rendimento escolar, fica claro que há alguns pontos comuns. O principal deles é que a avaliação pode ser assim considerada quando há um processo encadeado e lógico. A avaliação não se dá em um momento estanque de todo o processo ensino–aprendizagem. Pelo contrário, para cumprir eficazmente seu papel, ela ocorre em todos os momentos em que se faça necessária. Entre formativa e somativa, referente a norma e referente a critério, e entre verificação e avaliação, os professores deveriam sem dúvida optar, em seu cotidiano, como condição de melhoria do ensino, pela avaliação formativa e referenciada em critério.

Gráfico 1 – Número de instrumentos utilizados por bimestre

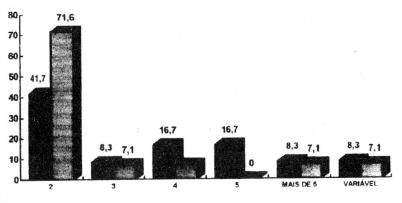

A fim de se verificar o caráter formativo ou somativo das avaliações, foi questionada a freqüência avaliativa durante um bimestre.

Os gráficos sobre categorização e freqüência das respostas às questões da entrevista foram feitos com colunas distintas para as duas escolas, a fim de facilitar a comparação. As freqüências foram calculadas em taxa de porcentagem sobre o total da escola.

Os professores afirmaram, unanimemente, que a direção da escola lhes permite total liberdade quanto ao estabelecimento de critérios e escolha de instrumentos para a avaliação. A responsabilidade dessa escolha é do professor.

A maioria citou os instrumentos escritos como próprios para avaliação. Apenas duas professoras deixaram claro que aplicam verificações não escritas, sendo uma delas não verbal.

Mais da metade do total de professores (57,7%) disse utilizar apenas dois instrumentos escritos em um bimestre, ou uma prova mensal. Essa situação é mais acentuada na Escola B, com uma taxa de 71% de professores se referindo a tal sistemática.

Como esse dado não tem significação sem outras informações, cabe analisar pontos de semelhança e de contraste entre as duas unidades. Ficou clara, na Escola A, a diferença de tratamento entre os dois períodos, manhã e tarde.

As professoras que tiveram oportunidade de escolha de período optaram pelas classes da manhã, declaradamente melhores. As que trabalhavam nos dois períodos fizeram nítida distinção entre as classes da manhã e as da tarde quanto à composição e rendimento. Afirmaram ministrar o mesmo conteúdo nos dois períodos e aplicar o mesmo tipo de instrumento de avaliação, mas concordaram em que há menos cobrança e mais condescendência na correção das provas e atribuição das menções, pois

"não se pode esperar o mesmo dessas classes".
"Não há condições de se exigir de forma igual, porque as classes da tarde não têm a mesma condição."
"No período da tarde, se exigirmos o que realmente se deve exigir, a reprovação é total."

Podem-se interpretar essas afirmativas como flexibilidade na atitude do professor diante de diferentes condições do alunado. Porém, a entonação percebida nas afirmativas faz notar que não há objetivos maiores com relação à solução desse problema e que há um visível "barateamento" na cobrança do aprendido, nas classes da tarde, aliado a atitudes de paternalismo.

"Há alunos que nem podem comprar o material, não têm retaguarda da família [...] o que pode render este aluno?"

Não foi verificada nenhuma intenção de diferenciação de técnicas de ensino e de avaliação, ou mesmo uma atitude de reflexão sobre essas possibilidades para melhoria de qualidade, uma vez percebidas diferenças significativas entre as duas clientelas.

Da mesma forma, na Escola B houve consenso entre os professores quanto à menor exigência e maior tolerância em relação ao período que apresentava mais dificuldades e problemas, nesse caso o noturno. Também não se percebeu diversificação de técnicas de ensino e de avaliação entre os dois períodos nem uma preocupação quanto a isso. Os professores deixaram clara a existência de mais oportunidades e maior condescendência para que o aluno atingisse média.

"Para o noturno é pedido o mínimo possível e que conste do livro [...] Como vou pedir pesquisa a esses alunos?"
"Dou questionário para ser estudado na classe e daí tiro as questões da prova."

Evidenciam-se nessas falas o caráter memorizador da avaliação e a ausência de uma construção de conhecimento do aluno. Esse caráter da avaliação deixa pistas de que a metodologia de ensino é embasada no saber do professor, que deve ser reproduzido pelo aluno.

Ficou claro que isso não ocorreu em um bimestre, esporadicamente. O sistema adotado pelos professores atravessou o ano todo sem variações sensíveis. O critério estabelecido, seja quanto ao número de provas, seja de diferenciação de exigências por período, ocorreu como prática avaliativa constante. Quanto ao número de avaliações, a própria denominação utilizada pelos professores para esses instrumentos – prova mensal e prova bimestral – oferece pistas de que se trata de avaliações com caráter somativo, na caracterização de SCRIVEN, retomada por POPHAM e BLOOM. Portanto, elas possuem baixo grau de participação da classe e do professor para com a aprendizagem e a melhoria. Considerado o fato de que o Regimento Comum determina a utilização de dois instrumentos, pelo menos, em cada bimestre, é considerado cumprido o item legal.

> *"Artigo 76 – Na avaliação do aproveitamento, deverão ser utilizados, no decorrer de cada bimestre, dois ou mais instrumentos elaborados pelo professor [...]"* (São Paulo, 1977: 18)

Como os tipos de informações são diversos, com diferentes níveis de conhecimentos, dois instrumentos da mesma natureza não podem em verdade esgotar a mensuração possível de nenhuma disciplina. Além disso, as avaliações desse tipo não oferecem condições de ser aplicadas a objetivos que não sejam cognitivos.

> *"Não obstante a importância que se atribui aos objetivos da área afetiva, nas declarações de objetivos de planos e programas, a realidade mostra que as escolas não os ensinam sistematicamente, nem os avaliam na mesma medida que os pertencentes à área cognitiva."* (LAFOURCADE, 1969: 45)

Levando-se em conta que, logicamente, os objetivos da área afetiva não podem ser avaliados da mesma forma que os cognitivos, pelo menos devem ser lembrados num processo de abordagem mais ampla. Além disso, ao se optar pela avaliação somativa exclusiva, ignorou-se ainda o cumprimento de outro artigo, no mesmo capítulo que trata da verificação do rendimento escolar.

"Artigo 75 – A avaliação do aproveitamento deverá incidir sobre o desempenho do aluno nas diferentes experiências de aprendizagem, levando em consideração os objetivos visados." (p. 18)

Já foi abordada parte do contexto em que ocorria o processo de avaliação. Para se atribuir um valor a alguém ou alguma coisa, é preciso dispor de informações das mais diferentes espécies sobre o avaliado. No caso da avaliação escolar, essas informações nos vêm por meio de medidas educacionais que resultam de experiências diversas de aprendizagem. Ao considerar duas ou três provas escritas como medidas suficientes de avaliação, o professor perde a oportunidade de obter dados mais concretos e esclarecedores, dificultando a tarefa de avaliar. Além disso, mais do que medir a aprendizagem, esses instrumentos avaliam o ensino, pois ao final do processo só fazem verificar se o desempenho correspondeu ao esperado, ou seja, se o ensino cumpriu os objetivos estabelecidos. Nesse sentido, isso vem ao encontro da afirmativa de LUCKESI (1990), de que o que a escola faz não é avaliação, mas verificação. Realizada ao fim da unidade pedagógica ou da unidade temporal (uma prova a cada mês), como fechamento, nada mais faz do que trazer à tona a verdade de alguma coisa ou fato.

"O processo de verificação configura-se pela observação, obtenção, análise e síntese dos dados ou informações que delimitam o objeto ou ato com o qual se está trabalhando. [...] encerra-se com a obtenção do dado ou informação que se busca, isto é, 'vê-se' ou 'não se vê' alguma coisa." (LUCKESI, 1990: 75)

A afirmação de que a maioria dos professores não realiza avaliação formativa, referenciada em norma ou critério, ou nem mesmo realiza avaliação, mas simplesmente verificação por meio do número de instrumentos aplicados, ainda é pouco consistente. Afinal, se estabelecêssemos um limite inferior para esse número, ele seria aleatório em qualquer circunstância. Por exemplo, se tomássemos como mínimo indispensável quatro instrumentos, aleatoriamente, o número de respostas "quatro" e acima de quatro representaria 34,6% do pesquisado. Resta saber de que tipo são esses instrumentos para completar o quadro analítico. Além disso, há estudos que apontam outros aspectos e direcionamentos no trabalho de sala de aula. Muitas vezes, o controle realizado pela professora, na classe, é determinante de aspectos avaliativos, muito embora não formalizados. MARIN aponta o controle docente como forma de diagnóstico, de prognóstico, servindo

> *"para oportunizar o manejo da classe e ainda decidir sobre a avaliação formativa e somativa dos alunos"* (1990: 147).

À primeira fase da análise, parece que nas escolas estudadas a avaliação não constitui um processo, mas momentos definidos. Vejamos.

2. Procedimentos de avaliação

Como são cinco as áreas de conhecimento em que atuam os professores investigados, cabe considerar a natureza diversificada de cada uma delas para a elaboração adequada de instrumentos que avaliem conhecimentos e habilidades específicas. A categorização fica mais exata ao se analisar por área. Assim, foram feitos gráficos específicos para o tipo de instrumento utilizado pelos professores de cada área. Além de se questionar sobre o tipo de prova, ou seja, a parte formal do instrumento, foi indagado sobre a parte material, isto é, o que compõe as questões. A materialidade e a formalidade serão analisadas em conjunto, dentro do princípio de que não existem em separado.

2.1. Português

Em entrevistas com sete professoras, houve uma unidade de resposta quanto à forma de instrumental utilizado: todas aplicavam questões objetivas, geralmente para gramática e questões abertas, seja redação, seja questionário. O questionário era utilizado para interpretação literária e compreensão de textos.

Gráfico 2 – Natureza e conteúdo das questões de Português

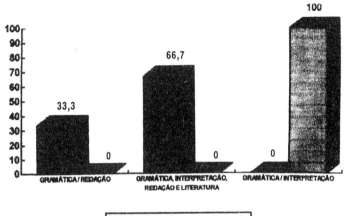

Apesar da riqueza a ser explorada na língua como veículo de comunicação, expressão oral e escrita, codificação e tantos outros aspectos, o componente mais cobrado foi o gramatical. Todas as professoras julgaram essencial a avaliação desse aspecto. Uma delas, em duas avaliações por bimestre, reservou uma exclusivamente à gramática. Outra, que utilizou três instrumentos por bimestre, compôs suas provas, todas, com gramática mesclada a outro aspecto. Quatro professoras reservaram duas provas para gramática em totais de três, quatro ou cinco instrumentos. Uma professora afirmou ser variável o número de avaliações em todos os aspectos. A compreensão e a interpretação de textos vêm a seguir como a segunda prioridade, se tomarmos como evidência a freqüência com que foram utilizadas como instrumento de avaliação: quatro professoras reservaram um instrumento para esse aspecto e duas utilizaram mais de uma mensuração. A redação entrou como critério de avaliação para três professoras, todas da Escola A, sendo que uma delas incluiu nas três provas aplicadas uma pequena redação. As outras duas trabalharam com um conceito único para a redação, considerado como "média" de todos os trabalhos dessa natureza. Duas professoras apenas, também da Escola A, cobraram, em um instrumento específico, leituras pedidas durante o bimestre e sua interpretação. Uma única professora avaliou a expressão oral, na Escola A.

A disciplina tem módulo de aulas maior que qualquer outra, oferecendo, ao professor, condição de uma avaliação formativa e da emissão de julgamento sobre o aluno. Essa afirmativa não é endossada, com certeza, por várias das entrevistadas, segundo depoimentos colhidos.

"Quem trabalha em várias escolas não tem condição de julgamento, não conhece os alunos."

Fica evidente a contradição por parte da professora: reconhece que o julgamento é um meio mais abrangente e profundo, mas sente receio de utilizá-lo. O receio de julgar talvez determine uma avaliação mais concentrada na gramática, na qual não há critérios pessoais em jogo. É a parte exata da língua, em que não cabem discussões ou justificativas de nota: ou acertou ou errou, não há terreno intermediário. Isso vem eliminar boa parte da tensão que o professor sofre para chegar ao julgamento final. Quando a questão é exata, sem meios acertos, a culpa da nota baixa pode ser transferida totalmente ao aluno, num documento assinado: a prova.

Parece, pelas afirmações dos professores, que na sua concepção o bom desempenho em gramática depende pura e simplesmente de memorização e exercitação. Esses recursos, amplamente utilizados, levam a um contexto didático-metodológico distante do desejável. Pode-se afirmar que o preponderante na avaliação de língua portuguesa é a aquisição de modos de reproduzir o aprendido, contidos num modelo simplista de estímulo e resposta.

A avaliação é um juízo de qualidade que se fundamenta em dados múltiplos. A condição para que esses dados sirvam à avaliação é sua relevância. Assim, parece que grande parte das professoras de Português despreza a relevância de outros dados que se possam obter do aluno e considera altamente significativo para um padrão ideal o linguajar acadêmico, correto gramaticalmente. Não se pretende negar, de forma alguma, que a gramática é um dado extremamente importante para a compreensão da língua e para a comunicação verbal. O que é criticável é retirar a significância de outros aspectos. Sem o domínio desses, pode-se estar ferindo, também, um padrão ideal de qualidade. Esse padrão especifica mínimos necessários até mesmo quando se utiliza um modelo comportamentalista; eles deveriam ser determinados em todas as atividades da língua portuguesa, mas muitas dessas não são consideradas pelas professoras.

Isso leva a uma avaliação antidemocrática, por não conter padrão de qualidade, e impede uma tomada de decisão baseada nos aspectos básicos de um currículo socialmente válido, uma vez que parte do mínimo necessário para tal não foi avaliada. Conduz ainda a uma avaliação classificatória baseada praticamente em um aspecto: quem sabe gramática passa. Um padrão de qualidade implica uma multiplicidade de fatores que, sem dúvida, encaminham o aluno não só a conhecimentos restritos, mas a algo muito mais amplo no sentido da formação de hábitos de reflexão e de atitudes que manifestem a aquisição da cidadania, entre outras coisas.

O dado empírico nos mostra que mesmo as professoras que procuraram avaliar diferentes aspectos reservaram maior número de instrumentos à gramática. As professoras, de modo geral, consideraram a gramática difícil e, por isso, discriminatória. Esse dado é relevante para uma avaliação classificatória.

"Não dou prova de interpretação de texto porque acho muito fácil."

Como último dado concreto para reflexão, fica a diferença entre a avaliação mais abrangente realizada por duas das professoras da Escola A (o total de professoras é três). Situada em comunidade mais esclarecida e de melhor poder aquisitivo, a escola conhece o nível de exigência que os pais mantêm. A expectativa do aluno, ao terminar a escola fundamental, é a continuidade, o que impõe padrões de qualidade para isso. A avaliação reproduz, como tantas outras atividades, a desigualdade de distribuição da sociedade capitalista. Dentro da rede pública desenvolvem-se contrastes, num sistema que, ao final, favorece os menos necessitados. A variedade de instrumentos demonstra que na Escola A a língua portuguesa é explorada de modo menos parcial e facetado. A contradição reside no fato de estar na Escola B a clientela mais carente e, conseqüentemente, mais necessitada da riqueza curricular. Quanto menos potencial é explorado no aluno, menor seu preparo para a continuidade e para o ingresso num mercado competitivo de trabalho, no qual terá pouca "mercadoria" cultural para trocar por uma boa colocação.

2.2. Matemática

O total de entrevistas foi cinco, sendo duas na Escola A e três na Escola B.

Ao se tabular em separado o modo de avaliar em cada disciplina, considerou-se que cada área de conhecimento tem uma reserva específica de informações acumuladas ao longo da história do homem. Esses conhecimentos, em ciências distintas, demandam vários métodos de investigação, apropriados a cada especificidade. Portanto, a transmissão e a aquisição de conhecimentos de uma ciência – o que configura o próprio quadro de ensino–aprendizagem – usam estratégias e metodologias afinadas com a natureza das informações. Assim, o estudo de um campo específico de conhecimento diz respeito tanto aos conhecimentos acumulados como aos processos necessários para adquiri-los. As escolas têm encontrado dificuldade em cumprir as duas partes, por assumir posições extremistas, seja quanto à primeira, seja quanto à segunda. A primeira realça o conteúdo por si próprio, e os que assumem a postura de defendê-la como objetivo da escola criticam qualquer forma de reducionismo no conteúdo programático. Outros não consideram nenhum conhecimento com fim em si próprio. Colocam-se no outro extremo, defendendo a outra parte, com a alegação de que o processo é o mais importante, pois se o aluno adquire habilidades, disciplina mental e atitudes, e exercita essas qualidades, pode transferi-las para aprender qualquer coisa. Um extremo realça o produto, outro, o processo. Esse tipo de postura por parte do professor, priorizando um ou outro aspecto, mostra como os dados são fragmentados

> "*em dimensões parciais ou superdimensionados no que diz respeito ao efetivo poder do conhecimento*" (MARAGLIANO *et alli*, 1986: 18-19).

Os autores analisam ainda esse aspecto como uma acomodação que sofre o professor, adequando-se a paradigmas em que ele representa o papel de

> "*agente de reprodução social*" (p. 19).

Há de se considerar que nunca existe a reprodução total se levarmos em conta que todo processo de ensino–aprendizagem sofre uma mediação. Esse é um dos determinantes da organização do trabalho de sala de aula e da representação de uma identidade profissional do professor, que nem sempre se faz presente no nível da consciência da classe docente.

A matemática, como qualquer outro campo do conhecimento humano, supõe, para seu domínio, o cumprimento dos dois resultados: o conhecimento matemático específico e os processos que fazem o indivíduo chegar a ele. Em Português, ficou evidente que o processo mais valorizado pelos professores para se entender a estrutura lingüística é a gramática. Em Matemática, considerada matéria tipicamente dedutiva e abstrata, os processos mentais que levam à sua compreensão exigem do professor entendimento em relação a eles.

Gráfico 3 – Natureza e conteúdo das questões de Matemática

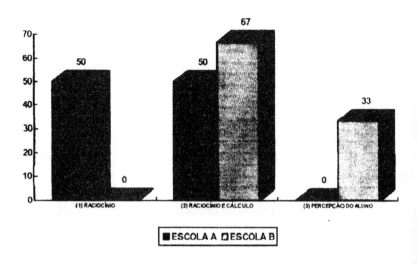

As questões de raciocínio e de cálculo são categorias levantadas pelos professores e, portanto, passam pela conceituação que eles fazem desse tipo de questões.

Uma das professoras se ateve à verificação de processos relativos ao raciocínio matemático, apesar de reconhecer que o cálculo é necessário à aquisição de estruturas matemáticas. Três professoras mesclaram questões de cálculo às de raciocínio lógico ou solução de problemas. Uma delas realçou que essas questões são escolhidas entre as que foram resolvidas em classe, com os mesmos dados. Apesar de classificar a prova como uma exigência "tanto de cálculo quanto de raciocínio", o verdadeiro requisito foi a memorização. A professora que corresponde à terceira categoria de respostas afirmou selecionar questões que julgava significativas para verificar condições de desenvolvimento do aluno. Para ter idéia dessas condições, a primeira avaliação, antes do planejamento, foi diagnóstica. Usou ainda o que chamou de "passos": uma avaliação informal ao final de cada aula ou bloco de aulas que fixavam conceitos básicos. Ao final do mês, fez uma avaliação geral. As pequenas avaliações não foram passíveis de nota ou conceito, mas foram anotadas pela professora para retomada das dificuldades. Isso permitia um julgamento de cada aluno e de seu desenvolvimento. A prova final não decidia a menção bimestral do aluno, que dependia muito mais do julgamento da professora, baseado em acompanhamento. As dificuldades foram retomadas usando-se o trabalho em grupo, com assessoria dos melhores alunos em rendimento.

"Às vezes, o aluno entende melhor a linguagem de outro aluno."

Essa foi a única professora, entre todos os entrevistados, que, mesmo desconhecendo a terminologia técnica e a autoria da proposta, aplicava o esquema de Bloom (1983), divulgado em vários documentos da rede estadual: avaliação diagnóstica, avaliação formativa e avaliação somativa. Segundo esse autor,

"[...] efetuada antes da instrução, a avaliação diagnóstica tem como função principal a localização do aluno; [...] pode procurar determinar se o aluno possui ou não certos comportamentos ou habilidades de entrada, tidos como pré-requisitos para a consecução dos objetivos da unidade planejada" (1983:97).

A avaliação formativa, ainda segundo Bloom,

"consiste em fracionar um curso ou assunto em unidades menores de aprendizagem [...] O uso apropriado destes testes ajuda a assegurar que cada conjunto de tarefas de aprendizagem foi totalmente dominado [...]" (1983: 60).

"O uso mais comum dos testes somativos [...] é como ponto de apoio para a atribuição de notas, representadas por letras ou por números. A nota geralmente tenta classificar cada aluno em termos de quantidade ou nível de aprendizagem que atingiu [...]" (1983: 73)

Pode parecer estranho que a professora fizesse uso da avaliação somativa e afirmasse que ela não era decisiva para a atribuição de menção. Entretanto, a avaliação do progresso imediato dos alunos e seu conhecimento dos resultados é a própria essência da avaliação formativa. Daí influir no julgamento mais do que a somativa.

A avaliação formativa, por informar imediatamente ao aluno sobre seu domínio da matéria e por permitir ao professor reverter uma situação de domínio negativo, pode modificar o interesse do aluno pela disciplina. Esse interesse traz modificações ao rendimento escolar, as quais podem ser fundamentais para a formação do autoconceito.

Baseando-se em afirmações de outros professores de que

"o dado objetivo é mais seguro ao professor e ao aluno",

e que

"o conceito é subjetivo, o julgamento é difícil e trabalhoso",

a professora em questão afirmou que

"a nota dada por meio de dados objetivos é fria, não é avaliação, coloca distâncias entre o professor e os alunos".

2.3. Ciências e Programas de Saúde

Apesar de a matéria abrir espaço para técnicas de ensino e, conseqüentemente, de avaliação ligadas à manipulação e à experimentação, as professoras preferiram utilizar instrumentos escritos e avaliaram a teoria induzida da prática ou assimilada abstratamente em aulas expositivas. Apenas uma professora, entre as cinco entrevistadas, usou a prática como forma de avaliação da aprendizagem, enquanto dado significativo. Assim, numa matéria na qual o concreto pode ser amplamente explorado, o que pesou para o julgamento do aluno foi conhecer a teoria, uma vez que os instrumentos escritos, especificamente a prova, eram tidos como válidos para essa finalidade. O concreto aqui significa a atividade ligada à observação direta das coisas, à manipulação e à experimentação. Ele está implícito no método indutivo das ciências naturais ou experimentais, em que as leis emergem de fatos observáveis e controláveis, além da experiência prática.

Gráfico 4 – Natureza e conteúdo das questões de Ciências

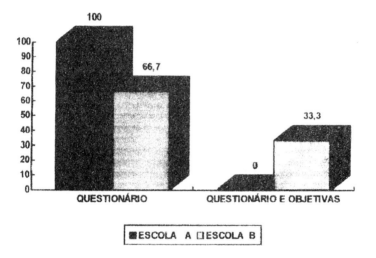

A preferência pelo questionário foi evidente, uma vez que todas as professoras fizeram uso dele como tipo de prova. Apenas uma mesclou questões objetivas com questões abertas. Uma, entre as quatro que optaram pelo questionário, usou um instrumento oral e um escrito; as outras usaram dois questionários escritos.

Pode-se afirmar que quatro das cinco entrevistadas usaram amplamente a atividade prática como técnica de aula. Desprezaram, todavia, essa atividade como avaliação da aprendizagem ou como instrumento que pese no resultado. A prática e a intensidade com que o aluno participou poderiam, no máximo, contar créditos aos alunos para "arredondar" a média ou para corrigir possíveis incoerências resultantes da avaliação feita.

A prática chegou a ser minimizada como dado representativo para a avaliação e, muitas vezes, rejeitada para esse fim. Um dado que merece ser analisado é o relativo à consciência que as professoras têm de que os alunos gostam muito das aulas práticas e demonstram maior interesse por elas. Apenas uma professora explorou convenientemente esse dado, aprofundando a prática como técnica de aula e estimulando os alunos a realizar atividades concretas para delas induzir princípios teóricos. Coerentemente, essa mesma professora considerou essas atividades relevantes para o julgamento de aprendizagem do aluno.

Soa como academicismo radical a opinião das professoras de Ciências, que não admitem que essa prática seja também avaliatória.

"Os alunos gostam muito da atividade prática, mas a prática serve para assimilar a teoria."

"Uso provas teóricas porque é assim que se avalia conteúdo."

"Por melhor que o aluno desempenhe na prática, não dou média se a prova é ruim."

"Os alunos desempenham melhor nas práticas, mas os pais exigem a prova como documento."

Uma das professoras deixou de usar a aula prática, mesmo como estratégia de ensino. Suas provas de questionários constavam de perguntas retiradas de um rol de questões previamente estudadas (ou memorizadas) em aula anterior à prova. Isso ocorreu no período noturno, estabelecendo nítida distinção entre a metodologia de ensino e de avaliação entre os dois períodos. Afinal, há de se convir que a aula prática, mesmo não sendo avaliada em termos de nota ou conceito para o aluno, contribui para sua motivação e a melhor compreensão do assunto, influindo, portanto, nos resultados obtidos na prova teórica.

2.4. História

Foram ouvidas quatro professoras da área de História, duas

da Escola A e duas da Escola B. Todas usavam a mesma categoria de instrumento que constava de questionário sobre a matéria dada, para avaliar a aprendizagem.

O número de provas aplicadas durante o bimestre também foi o mesmo: dois. Uma das professoras usou somente as duas provas como dados para o conceito final; as outras consideraram os "créditos" de atividades de sala de aula.

O fato de não promover avaliação formativa em uma matéria em que a seqüência é essencial e a riqueza de detalhes poderia ser explorada foi justificado por uma das professoras da seguinte maneira:

> *"Tentei dar provas mais seguidas, com menor conteúdo. Mas, com o fracionamento da matéria em muitas avaliações, o rendimento caiu. Com poucas provas, o aluno sabe que suas chances são duas ou três; com mais exigência, há maior rendimento."*

A característica comum detectada no procedimento das quatro professoras da área sugere um caráter puramente administrativo para a avaliação, em vez de pedagógico. A aplicação de dois instrumentos de caráter somativo deixa a professora "em dia" com o cumprimento da legislação, que assim exige. Mas, mesmo administrativamente, a professora deixa de cumprir o Regimento nesse mesmo artigo 76, que estabelece um mínimo de dois instrumentos. Ao aplicar provas mensais, de caráter somativo, focaliza-se o aspecto quantitativo da aprendizagem do aluno: "quanto" ele aprendeu do ensinado. Não é atendida a exigência qualitativa, pedida no parágrafo único.

> *"Art. 76 – [...] Parágrafo único – Na elaboração dos instrumentos deverá ser observada a norma de preponderância dos aspectos qualitativos do aproveitamento sobre os quantitativos."* (São Paulo, 1977: 18)

A disciplina em que o grupo de professoras pesquisadas apresentou mais uniformidade na resposta a essa questão foi

História. Superficialmente, pode-se pensar que a natureza do conhecimento histórico é que leva as professoras a estabelecer assim as avaliações. Pode-se também levantar a hipótese de que os cursos de História não estão oferecendo a seus alunos suporte pedagógico suficiente para a elaboração de uma avaliação diferente da praticada. Mas não se pode deixar de pensar na dimensão política, ideológica da questão: a escolha de uma técnica ou série de técnicas avaliatórias, sem dúvida, expressa uma opção educativa. Processos que solicitam apenas a memorização não conduzem a uma proposta que leve em conta a mediação do aluno. Avaliações em momentos determinados, como o final do mês, final do bimestre ou mesmo da unidade de ensino, não solicitam a participação e a análise crítica contínuas, que, mais que em momentos fixos, se manifestam pela formação de condutas, fundadas no conhecimento e nos valores.

A História possibilita, aos alunos, a técnica da pesquisa, a discussão dos fatos e sua interpretação. Isso não é possível por meio do instrumento aplicado na sala de aula, como reprodução do que foi dito pela professora.

> *"Não dou conceito A para trabalho; valorizo mais a prova."*
> *"Não aceito trabalho: é cópia; nem trabalho em grupo: uns trabalham e outros não."*
> *"Sem a prova é difícil uma avaliação concreta do conteúdo."*

A coleta de dados para a avaliação se caracteriza por utilizar instrumentos formais, escritos e de ocorrência eventual, dando a impressão de que há uma parada no processo ensino–aprendizagem a fim de ser realizada a avaliação. Os dados são obtidos, portanto, fora do processo ensino–aprendizagem. A respeito da seleção dos dados para a avaliação, GIMENO (1988) defende que eles interferem no próprio processo de construção do conhecimento, pois os alunos são suficientemente perspicazes para captar o que é pedido pela professora como resposta.

"O que é mais decisivo e sutil é que uma técnica de avaliação mediatiza os processos de conhecimento sobre a realidade, que se efetivam nos professores como estilo cognitivo profissional. Duas razões são as que justificam aqui a atenção ao componente técnico da avaliação:
a) A capacidade de informação que tem um procedimento de avaliação, com as conseqüências no modo de perceber e conhecer a realidade.
b) A mediação que estabelece nos conteúdos e processos exigidos dos alunos, e introjetados neles e no professor como rendimento ideal." (GIMENO, 1988: 400)

O questionário, ou quem o formula, tem uma expectativa de resposta. Quando não satisfeita essa expectativa, afloram explicações não ligadas ao processo de aprendizagem e de avaliação. Busca-se justificativa para o mau rendimento em vez de se criticar a forma como o processo de aprendizagem está sendo conduzido, a fim de levantar possíveis reformulações.

"Os alunos não têm interesse em História."
"A cobrança da escola está na dependência da cobrança feita em casa. A escola não é suficiente."

As duas afirmativas demonstram o despreparo das professoras para interagir com crianças das camadas menos favorecidas. Não entendem as dificuldades delas em dominar os pré-requisitos dos currículos elaborados para crianças que vivem em ambiente cultural de classes favorecidas economicamente. MELLO, ao analisar a seletividade que a escola fundamental promove, tendo por base seus próprios mecanismos internos, considera a avaliação como um desses mecanismos. Ele cita ainda a visão ideologicamente comprometida do professor com relação aos problemas culturais, sociais e econômicos.

"Incapaz de solucionar o problema, ele tende a marginalizar seus alunos justificando, ora pela

situação de pobreza familiar, ora pela falta de motivação e disciplina, um fracasso que reluta em compartilhar." (MELLO, 1979: 74)

2.5. Geografia

Em Geografia, todas as professoras usavam o questionário como forma de avaliar. Mas, num total de cinco entrevistadas, quatro mesclavam esse tipo de questão a outros, tornando os instrumentos mais ricos no sentido de avaliar aptidões diversificadas. O questionário reunia questões objetivas, questões cartográficas e questões não verbais, como desenhos e trabalhos que não exigem a aptidão verbal, seja ao escrever, seja ao falar. O aluno que apresenta dificuldades de verbalização, especialmente ao tentar expressar seu pensamento, conta com o recurso a esse instrumento. A própria atividade cartográfica, seja ao fazer mapas, seja ao localizar, dividir, vem ao encontro disso, favorecendo, nesse caso, o aluno.

Gráfico 5 — Natureza e conteúdo das questões de Geografia

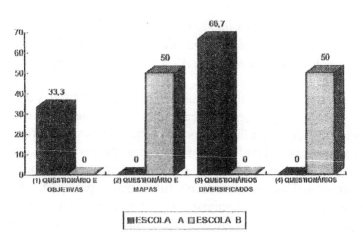

A Escola B, além de não apresentar instrumentos diversificados, fazia uso de menor número deles; cada professora costumava usar duas provas de caráter somativo no bimestre e um conceito de participação. Na Escola A, uma das professoras usava três instrumentos, sendo um diferenciado da prova (trabalho de pesquisa ou trabalho cartográfico e ainda participação); as outras duas, que se enquadram na categoria (3) do gráfico 5, na qual são citados "questionários diversificados", aplicaram no mínimo quatro instrumentos por bimestre, excluindo o conceito de participação. Assim, na Escola A, a avaliação na disciplina Geografia foi muito mais rica e diferenciada, seja pelo número de instrumentos, seja pela natureza deles. Os "questionários diversificados" incluíam mapas, cartazes, pesquisas, trabalhos escritos, apresentação oral de resultados pesquisados, desenhos e trabalhos manipulados.

Como a Escola B é muito mais carente, tanto econômica como culturalmente, o processo de avaliação encontra sérias dificuldades para cumprir o papel retroalimentador da aprendizagem. As professoras alegaram que a clientela tem como única forma de resposta a repetição do livro didático, não obstante o esforço delas em reforçar uma expressão própria do aluno, com análise crítica. Ressentiam-se com a falta de um trabalho mais prático, de técnicas que tornassem os conceitos próximos dos alunos. Alegaram resistência da administração a esse trabalho, que implicaria sair da classe ou dar uma aula com maior participação. No noturno, julgaram inatingível esse trabalho. Para uma clientela de um meio cultural desfavorecido, basear o ensino numa cultura puramente livresca é destiná-lo ao fracasso. Sem desprezar o valor da verbalização, que é condição instrumental para a aquisição de qualquer conhecimento, pode-se criticá-la do ponto de vista da forma como é usada no contexto escolar: de modo mecânico e pouco significativo.

Notam-se, mais uma vez, os obstáculos para trabalhar as dificuldades apresentadas pelos alunos e a expectativa de lidar com alunos que possuam todos os pré-requisitos necessários à aprendizagem do conteúdo em questão.

"A maior parte decora, embora eu peça as respostas com as próprias palavras do aluno. O mal vem do primário – aprendizagem mecânica – e dos professores de Português, que não aprimoram o entendimento de textos."

Retomando a análise de MELLO (1979), ao denunciar as justificativas que o professor apresenta ao se defrontar com uma situação cuja problemática não consegue resolver, pode-se acrescentar aos argumentos de ordem econômica e psicopedagógica mais um, que não vem de fora da escola, mas faz parte da problemática intra-escolar: a interação entre os professores num projeto comum de ensino. Empenhados nisso, procurariam suprir deficiências encontradas em cada unidade escolar, e não se ouviria a afirmação categórica de que

"há alunos irrecuperáveis".

3. Valor dos procedimentos de avaliação utilizados

A partir dos resultados obtidos quanto ao número e ao tipo de procedimentos e instrumentos utilizados, já se pode afirmar com mais ênfase que a avaliação na rede pública de ensino se define muito mais como momentos dedicados exclusivamente a ela do que como uma parte do currículo incorporada a todos os seus passos. Não há processo de acompanhamento do rendimento escolar para obter dados norteadores de falhas que, corrigidas a tempo, são pequenas e detectáveis. Na realidade, há, em decorrência do uso majoritário da avaliação somativa, uma atividade classificatória responsável, com outros fatores do contexto escolar, pelas altas taxas de repetência, evasão e fracasso. O fracasso escolar é algo muito mais amplo que uma repetência. Nesse esquema de avaliação, o aluno até pode ser aprovado sem pré-requisitos essenciais num sistema seriado. Isso porque há uma separação efetiva entre aprendizagem e avaliação, como processos diferentes que ocorrem em momentos completamente não simultâneos.

E isso não poderia ocorrer, segundo o texto legal existente. O Regimento Estadual enfatiza uma ligação profunda entre os objetivos do ensino e a avaliação. A avaliação deve descrever até que ponto os objetivos foram alcançados, como forma de retroalimentação do processo. Até a vigência da Lei 4024/61, de Diretrizes e Bases da Educação Nacional, a avaliação vinha sendo considerada tão-somente em seu aspecto classificatório, ou seja, tinha por função aferir o aproveitamento do aluno, com vistas a sua promoção ou retenção. Apesar do aspecto seletivo dessa forma assumido, a legislação preservou a avaliação como processo, estabelecendo em pareceres legais a continuidade de formas variadas que garantam uma verificação razoável e segura (parecer do CFE nº 102/62). A Lei 5692 não suprime esse caráter e acrescenta a função de retroinformação, deixando à avaliação de rendimento escolar os papéis de acompanhamento, controle e reformulação das propostas curriculares. No nível estadual, isso ficou claro na Indicação CEE nº 1/72.

"Os resultados da avaliação devem orientar a seqüência e a reformulação do planejamento curricular." (São Paulo, 1972)

A LDB aprovada em 1996 preserva o caráter diagnóstico-formativo da avaliação escolar, na medida em que estabelece uma forma contínua e cumulativa de acompanhamento do desempenho do aluno, com prevalência dos aspectos qualitativos (art. 24, inciso V).

A prática escolar demonstra, entretanto, que a avaliação de rendimento escolar é usada ainda com função nitidamente classificatória, pois representa o ponto final da unidade, com um resultado irreversível e com finalidade em si mesma, não se constituindo em dado para a decisão dos rumos da organização do trabalho didático.

Além de serem usados poucos momentos para a avaliação fora do processo ensino–aprendizagem, esses se caracterizam na sua maioria por provas. A prova não deixa de fazer parte do quadro de avaliações de nenhum dos professores pesquisados.

Gráfico 6 — Forma de apresentação dos instrumentos de avaliação

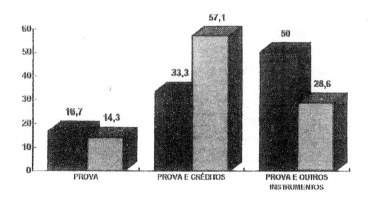

Poucos professores usam unicamente a prova. A maioria lança mão de outros procedimentos para obter dados para avaliação. Esse fato não é suficiente, no entanto, para se afirmar que a prova não é decisiva para a classificação final, representada pela menção bimestral. É preciso que se esclareça qual a parte que cabe à prova nessa menção e qual a que cabe aos outros instrumentos. Comparando o número de provas e o total de instrumentos utilizados pelos professores e a possível ponderação utilizada para cada instrumento, quando isso ocorre, pode-se aferir um resultado mais esclarecedor.

Gráfico 7 – Instrumentos que têm maior peso na menção final

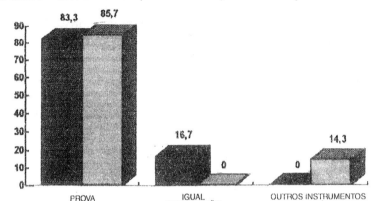

Na categoria "outros instrumentos" estão colocadas as professoras que, no total de momentos e técnicas destinadas a aferir o aproveitamento escolar, dão menor peso para as provas, preferindo outras atividades, seja em sala de aula, seja extraclasse. Nela, as professoras aplicaram maior número de instrumentos diferentes da prova, sendo que esses assumiram maior peso na menção final. A categoria "igual ponderação" usava exatamente a metade do total de dados das provas, numa tentativa de equilíbrio; a outra metade ficava com trabalhos de classe e extraclasse.

O que se pode observar é que a grande maioria (84,6%) ainda valoriza a prova como instrumento de verificação de aprendizagem e se baseia principalmente nela para classificar o aluno. O uso classificatório vem da constatação de que essas provas de avaliação somativa, com a freqüência concentrada em dois ou três instrumentos bimestrais, são dados de decisão da vida escolar do aluno. Como a maior parte dos professores aplicava até cinco instrumentos, a prova dominava o quadro de avaliações realizadas.

O conteúdo das provas consistia na reprodução do que foi ministrado em aula. A avaliação caracterizou-se, assim, nas escolas analisadas, pela passividade do aluno, pela classificação dela resultante e pela preponderância do aspecto quantitativo.

O próprio sistema de avaliação, classificatório e autoritário (o professor decide a vida de cada um com um mínimo de dados, insuficientes para tanto), leva à ausência de motivação, numa faixa de idade em que isso é acionado principalmente pela descoberta e a atividade própria. Essa falta de motivação não se constitui em elemento apenas psicológico da aprendizagem, mas sobretudo em ingrediente socioeconômico. A criança de origem socioeconômica mais desfavorecida é a grande vítima desse sistema, pois não conta com respaldo cultural para enfrentá-lo.

Quando especificados os instrumentos usados em cada disciplina, em duas delas (Português e Geografia) ficou evidente a diferença entre a escola na qual a comunidade, preponderantemente de classe média, pressiona as professoras e exige melhoria de qualidade e aquela em que a comunidade, de modo geral, não tem condições de se organizar, por falta de informações e de conhecimento sobre a estrutura do ensino.

Se analisadas individualmente, torna-se evidente esse dualismo nos diferentes períodos, em cada escola. Na Escola A, o período mais carente é o da tarde, e as professoras afirmam que não é possível obter a mesma qualidade do período da manhã.

"Há uma 5.ª série só de repetentes, expulsos e alunos fracos. O rendimento é péssimo."

A exigência das famílias de classe média, de que os filhos estudem de manhã, empurra para a tarde os que não têm condição de escolha. O dualismo é reforçado pelo critério de agrupamento da escola, que o legitima na medida em que não estabelece uma ação pedagógica que diminua as diferenças existentes. Para classes e alunos diferentes, o mesmo critério de avaliação e as mesmas técnicas de ensino, por mais que possam parecer democráticos, são perversamente autoritários e prejudiciais a diferentes grupos de alunos.

"Seria ingenuidade acreditar na escola única no plano da realidade concreta. Mas é porque se acredita que a escola única é parte inseparável do ideal do

ensino democrático que faz sentido denunciar as diferenças existentes como efeitos da seletividade do ensino. Podemos aceitá-las estrategicamente, como o momento necessário de um processo de expansão quantitativa do ensino. Mas nossa ação deve ser no sentido de diminuí-las, não de legitimá-las." (MELLO, 1979: 75)

As diferenças de rendimento entre classes e períodos, compostos diversamente do ponto de vista socioeconônico, exigem mudanças na organização didático-pedagógica a fim de atingir o objetivo proposto. É certo que as mudanças estruturais do sistema teriam um efeito a médio e longo prazo. Entretanto, não se pode pensar apenas no distante e deixar que a escola concreta, inserida no contexto presente, caminhe até lá com todos os seus erros. Esses precisam ser compreendidos e refletidos dentro do próprio contexto da escola, pois pouco vale procurar causas e buscar soluções fora dela. A maioria dos professores apenas constata esse fato, não vislumbrando soluções no nível da sala de aula para uma mudança imediata. Além disso, os problemas na maioria das vezes não são encarados como algo que possa ser pensado no contexto escolar, por ter origem fora da instituição. Dessa forma, são focalizados como insolúveis e permanentes.

"A 5.ª série da tarde vai mal: a maioria dos alunos traz problemas de família."

GIMENO (1988) levanta um problema talvez até de ética profissional do professor, na medida em que ele toma conhecimento de características pessoais do aluno, sejam sociais, sejam econômicas, sejam psicológicas. Se o professor não tiver amadurecimento suficiente como profissional, esses dados determinam expectativas com relação ao aluno, em vez de mudanças em sua prática pedagógica. Isso ocorre quando o conceito de avaliação não é preciso, estruturado, fundamentado na realidade, e certas representações sociais passam a ser mediadoras da ação. O autor afirma, ainda, que os movimentos progressistas enfatizaram a ampliação das características relevantes para a avaliação escolar. No intuito de efetuar uma "avaliação global", o que se tem feito é aumentar o número de facetas a ser analisadas. O autor denomina esse conceito "avaliação exaustiva" e responsabiliza a ideologia humanista de tê-la ratificado. A avaliação exaustiva pode estar a serviço de uma ideologia controladora, em que o valor do que se avalia é medido por demonstrar o que foi aprendido. Sabe-se que a aprendizagem vai além do que se avalia, mas foge ao controle do professor e passa a ser desvalorizada.

Isso faz, segundo alguns autores, que o aluno e o professor se insiram numa prática típica do mundo capitalista: a transformação de tudo em mercadoria, com um valor de troca. A avaliação, com nota ou conceito atribuído a tudo o que o aluno faz, coloca o sistema de aprendizagem num contexto de relações de mercado. Em uma análise sociológica da avaliação, ETGES (1983) tece sérias considerações nesse sentido.

> "O trabalho escolar – como todo trabalho – tem um valor de troca, e o aluno troca o produto de seu trabalho por notas, boletins, prêmios, certificados."
> (ETGES, 1983: 55)

De acordo com esse ponto de vista, quando isso ocorre a escola perde sua função principal, que é a de oferecer condições para o desenvolvimento pleno do ser humano. Essas condições são a aquisição e o domínio de conhecimentos que sirvam como mediadores de um pensamento crítico e de compreensão. Há uma débil preocupação com o papel social da escola como instituição transmissora do conhecimento acumulado pelo homem; mas há um excesso de preocupação com o que se exigirá do aluno, ou de como ele será avaliado.

> "O aluno não pensa no trabalho escolar como alegria, mas como uma mercadoria que tem um preço, e somente o faz porque em troca recebe um preço xis. Trabalho não avaliado não será feito, e se um trabalho for entregue sem receber nota a reclamação

será geral. Eis precisamente aqui um aspecto fundamental da alienação." (ETGES, 1983: 56)

Essa visão da escola baseada na teoria capitalista não deixa de ser reducionista. Afinal, a escola não trabalha com processos produtivos semelhantes aos de bens materiais. Por mais que já se tenha associado a visão capitalista de escola a uma didática tecnicista, há de se observar que o próprio BLOOM desaconselha o uso de qualquer tipo de nota nas avaliações formativas, por terem a finalidade de definir rumos ao que se quer ensinar.

LUCKESI usa os termos "resultados intermediários" e "resultados finais" para definir o que é realizado durante o processo e ao seu término. Deixa claro que esses resultados se configuram em avaliação quando constituem um "diagnóstico de qualidade", ou seja, caracterizam-se pela dinâmica que imprimem ao processo. Caso contrário, a configuração é de verificação.

Como a maioria dos professores trabalha com a verificação, surge daí a valorização de cada instrumento como representativo de diferentes momentos do bimestre. Ao atribuir uma menção para cada instrumento, surge outro problema no decorrer da prática: como representar em uma única menção a média obtida pelo aluno? Quando os instrumentos eram aferidos por um sistema numérico, a média era um processo aritmético preciso. A partir da modificação do sistema de numérico para menções, o problema da média tornou-se muito mais complicado. Afinal, que menção final representa a média de um aluno que fez duas provas e obteve, respectivamente, menções B e C? Não há letra intermediária entre B e C, correspondendo aos números fracionados.

A partir dessa situação problemática, várias soluções foram surgindo na prática cotidiana e se firmando entre os professores como formas válidas. As soluções são várias, mas as mais comuns são: transformação das menções em escalas numéricas, tornando possível a operação "média aritmética", transformadas novamente em menções; o acréscimo de sinais aritméticos às menções, criando categorias intermediárias entre as existentes, para efeito de cálculo (B+, C–): assim, a média entre um C e um B pode ser um B– ou um C+; mas a menção final só pode ser dada na escala de A a E.

É a atribuição de créditos à participação em sala de aula, trabalhos realizados, tarefas e resultados de observação do professor que aproxima a média fracionada de uma exata.

Essa última forma de atribuição de conceitos merece uma parte deste estudo, uma vez que é adotada amplamente e define o que os professores denominam "participação".

4. Créditos: avaliação da participação

Retomando o Gráfico 6, pode-se verificar que doze professores utilizavam o crédito como previsto no quadro de notas; são os que responderam "provas e créditos". Na categoria "prova e outros instrumentos", com certeza o crédito está incluído, num total de dez respostas. Na categoria dos que só consideram a prova, num total de quatro professores, ao se questionar sobre a média, dois deles responderam que a única forma de "acertar a média" é com o crédito.

O crédito era levado em conta após a realização da média aritmética das menções (se é que é possível haver média entre menções), tornando a média exata. O crédito positivo aproximava

Gráfico 8 – Atribuição de créditos

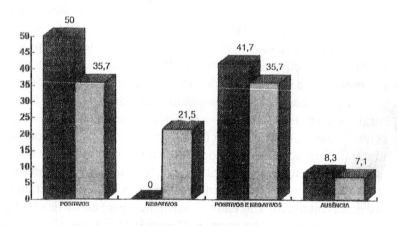

a menção fracionada da menção superior; o crédito negativo aproximava da menção inferior à fracionada o conceito final. Apenas dois professores afirmaram não usar o crédito, o que resulta num saldo de 92,3% do total usando esse critério. O uso do crédito deu margem a diferentes interpretações, principalmente pela diversidade de posturas. Constituem-se em minoria os que usavam apenas o critério negativo, ou seja, o "arredondamento" para baixo de uma média fracionada. Concorriam para diminuir a menção final: falta de tarefas, ausência de participação em sala de aula, problemas disciplinares, excesso de faltas. Foi alocada nesse grupo, também, a professora que considerava a prova como elemento propiciador dos resultados mais fidedignos do rendimento escolar, não aceitando acrescentar créditos por avaliações consideradas menos válidas, como trabalhos de pesquisa ou a própria participação do aluno de forma positiva na disciplina.

"Nunca é atribuído conceito maior a um trabalho do que o das provas."

O uso de créditos negativos apenas e de "arredondamento" sempre para uma menção inferior (um C e um D resultam num D, etc.) demonstra um resquício da ideologia da punição: não se aplicando outros meios, usa-se a nota para castigar comportamentos não desejáveis em sala de aula.

Uma grande parte das professoras usava apenas o crédito positivo (42,3%). Pode-se pensar em uma atitude paternalista (ou maternal?), que norteia em grande parte as atitudes das professoras, que acabam acionando mecanismos que ajudam o aluno a conseguir média para ser aprovado ou melhorar sua nota de prova.

"O crédito é mais para premiar do que para fazer a nota baixar."

Afirmaram que a atividade de classe deveria colaborar para a melhoria da qualidade da aprendizagem, sempre, e portanto deveria ser contada como crédito ao aluno que participasse. Mas, ao usar o crédito apenas em favor do aluno, pode-se também inferir que, talvez por mecanismos inconscientes, ou até conscientes, a professora tivesse uma expectativa de mau rendimento nas provas e usasse o artifício do crédito para aliviar esse problema. Mas, se o problema é um resultado em sua maioria negativo, isso não reside nas técnicas de ensino, nos conteúdos selecionados ou na própria forma de avaliar? Essa questão perpassa quase todas as respostas dos professores, porém o culpado quase sempre foi um único vilão: o sistema.

> *"O critério é injusto. Afinal, que diferença existe entre um 4 e um 5? No entanto, na escala, o 5 é C e o 4 é D, quer dizer, um aprova e outro reprova. A solução é usar a avaliação de classe como crédito para acertar as menções."*

Isso revela que o professor entra em situação de conflito e tensão nesse tipo de situação. Nos esclarecimentos que GEERTZ (1989) apresenta para as tensões, o depoimento citado exemplifica perfeitamente a explicação catártica. Tenta interpretar a vazão de estados emocionais, tensos, por meio de sua transferência a inimigos simbólicos, como tipicamente são o governo, o Estado, a lei, o sistema. Esses elementos são entidades impessoais que, tornando-se objetos para os quais se direciona a hostilidade, podem ideologicamente diminuir a tensão de quem se sente insatisfeito e incompetente na sua função e inseguro com os resultados.

Os que atribuíram conceitos positivos e negativos não estão fora dessa situação. Uma professora afirmou claramente que

> *"a participação, a tarefa e inclusive a disciplina são formas de arredondar a média".*

Os professores sentiram que o resultado final muitas vezes não correspondia à capacidade do aluno em questão. Se a formação pedagógica não foi suficiente para levá-los a uma reflexão crítica sobre o que ocorre e quais seriam as causas, há um estado psicológico e sociológico que os motiva a interagir com o problema. Sua visão sobre a questão tornou-se ideológica no sentido mais radical do termo, em sua significação original, a ponto de distorcer conceitos e definições.

"Dou um crédito para as observações e anotações de sala de aula para dar maior elasticidade ao conceito final."

A elasticidade consiste em poder "puxar" o conceito final para mais ou para menos, de acordo com o julgamento advindo das anotações do professor. Isso alivia a tensão de quem imagina estar sendo injusto ao atribuir determinada nota. Como a prova é um documento escrito e sujeito a comparações com outros, esse critério não pode possuir a "elasticidade" do crédito para a atividade de sala de aula.

"Na participação é diferente dar um conceito subjetivo, mas na prova não tem jeito [...]"

A dificuldade que se apresenta para o professor de trabalhar entre a objetividade e a subjetividade pode ser interpretada como um sintoma de tensão. A teoria da tensão, tratada por SUTTON e comentada por GEERTZ (1989) como um enfoque no estudo da ideologia, parte do pressuposto da má integração social como mal crônico e pode referir-se a indivíduos ou a grupos sociais. No caso dos professores, parece estar sendo difícil evitar o atrito entre conceitos antagônicos que lhes são passados com relação à avaliação, como "objetividade" e "julgamento pessoal", "avaliação cognitiva" e "avaliação global", e tantos outros. A escola não deixa de ser um microcosmo social e, tal como a sociedade, contém dicotomias que geram um discurso contraditório. Apesar de a tensão ser sentida individualmente, certos grupos podem ser levados a ansiedades padronizadas, que se originam da interação entre cada um dos indivíduos e um único sistema que lhes é imposto. A ideologia surge, nesses grupos, como resposta às tensões padronizadas, podendo assumir o papel de remédio para as perturbações. Isso faz com que as pessoas se comportem de modo conservador a partir de certa ideologia. Nesse caso, ela passa a atuar como recurso para uma situação conflitiva, tendendo a manter o estado de coisas, as relações e os valores.

MARAGLIANO (1986) denuncia a presença da ideologia nas decisões pedagógicas, quando se instala uma situação de conflito político. Muitas vezes a evolução das reflexões conduz a uma atividade criativa que, no entanto, enfrenta sérias dificuldades para se firmar e se socializar. Isso pode levar à descontinuidade da ação e a conclusões generalizadas. Essa situação pode, ainda, desaguar onde não exista

"outra saída que a mediação no plano de um pedagogismo ideológico, utilizando fórmulas polivalentes e não empenhativas" (MARAGLIANO, 1986: 22).

Retomando a dicotomia entre a avaliação do conhecimento e a "avaliação exaustiva", que é exatamente a denominação que GIMENO atribui ao que os professores rotulam de "avaliar o aluno na sua totalidade", o autor se detém em analisar o fato de características não cognitivas influírem no conceito. Valorizada pela ideologia humanista e pela posição da Escola Nova – valorização dos aspectos afetivos ou atitudes –, essa forma de avaliação traz subjacente uma ideologia de controle.

"A ideologia psicológica e humanista de conhecer melhor o aluno é recuperada pela ideologia de controle na instituição escolar, ainda que esta vá disfarçada de mentalidade técnica de conhecer melhor e mais fidedignamente as realidades educativas." (GIMENO, 1988: 393)

Completando o pensamento do autor, MEDIANO (1990) estende o controle feito pela escola para toda uma classe social. Essas questões vêm à tona com freqüência nos conselhos de classe, nos quais, em vez de uma discussão sobre as causas do mau ou bom rendimento do aluno, que fatores foram considerados para essa conclusão e outros problemas da maior importância, se ouvem relatos sobre as famílias e as características do aluno e da classe social a que pertence. Isso constitui mais um aspecto ideológico da avaliação, se tomarmos a ótica de Marx.

Se a teoria da tensão tenta explicar a ideologia por seus aspectos psicológicos, Marx explica-a por fatores sociais. As duas teorias não são conflitantes; pelo contrário, se completam. Se transpusermos a abordagem da luta de classes e do poder para a escola, não há dúvida de que os professores constituem a classe culturalmente dominante em relação aos alunos. Como classe determinante e detentora da consciência, assumem uma forma de controle, salvaguardando o pensamento dominante. Este é um conjunto de representações da dominação material, pois as idéias ou representações na mente humana estão condicionadas à posição social de quem representa. Ao assumir a postura dominante, o professor tende a passar seus valores à outra classe – os alunos – e controlar sua produção.

A forma de controle mais evidente é o crédito, cujos critérios dependem de valores de cada professor; a prova, pelos próprios valores vigentes no grupo docente, é considerada objetiva, documental e, portanto, escapa ao controle. Essa representação da prova não considera que ela é um instrumento elaborado pelo professor e, assim, reflete valores e vontades pessoais, seja nas questões, seja na forma de correção.

MARIN, em estudo crítico sobre o trabalho docente, encontra nas atividades de classe formas de diagnóstico e de prognóstico. O diagnóstico, apesar da dificuldade que os professores apresentam para detectar necessidades reais dos alunos, ainda

> *"funciona como dado alimentador para o professor, que ao levá-lo em consideração reorganiza sua atividade no processo de ação e reação fundamental do ciclo docente"* (MARIN, 1990: 148).

O prognóstico é realizado principalmente em situações de avaliação, pelos professores e pelos alunos, levando principalmente estes a procurar alternativas de solução. Por isso a autora questiona o papel da escola fundamental *"uma vez que o prognóstico de crescimento e a aprendizagem real dos alunos não são aspectos cogitados"* (MARIN, 1990: 149).

Contraditoriamente, a valorização da participação ou do aluno participativo passa pela sua atividade para atingir o crédito, revelando um resquício de Escola Nova, que é assumida pelos professores quando já não é tão nova...

5. Onde fica a auto-avaliação?

A interação professor–aluno sofreu tentativas de democratização ou de mascaramento do autoritarismo por meio de uma relação de camaradagem. Os professores afirmam que um dos objetivos da educação é, fazendo uso do conhecimento, chegar à auto-realização. Isso implica selecionar conteúdos que levem o aluno a um estágio de desenvolvimento desejado. A relação objetivos/conteúdo não é aqui aprofundada, por se desviar da proposta inicial da pesquisa. Procurou-se estabelecer a relação desses dois elementos do currículo com aspectos da avaliação, que é o foco de interesse deste estudo.

Ora, para avaliar conteúdos selecionados a fim de atender a tais objetivos, além da avaliação de atitudes e da "avaliação global", que os professores afirmam utilizar, um dado que seria de grande utilidade é o resultado da auto-avaliação. Quando se trata de considerar aspectos afetivos e de conduta, como ocorre na "avaliação exaustiva", não existem instrumentos que possam garantir um resultado válido. A auto-avaliação, com toda a contestação que lhe fazem alguns autores, poderia ser útil se começasse a ser desenvolvida em faixas de idade mais baixas do que a maioria dos professores supõe adequada. A grande maioria acredita que esse tipo de atividade possa ser desenvolvido entre alunos com capacidade de autocrítica. Mas pode-se imaginar o processo reverso: a auto-avaliação bem conduzida e convenientemente desenvolvida ajudaria a formação de uma autocrítica e de uma formação crítica, de modo geral.

A Resolução SE 134/76 explicitou a auto-avaliação como

uma das formas a se considerar para um processo válido de avaliação. Absorvida pelo Regimento Comum, em 1977, não se conservou esse destaque. Entretanto, em documento que estuda o sistema de avaliação proposto pelo Estado, é recomendado, no comentário do artigo 78, que os resultados obtidos sejam analisados com o aluno, comparando o esperado e o obtido, levando-o a "um processo de auto-avaliação" (CARCHEDI, 1981: 55).

A questão que se coloca aqui é a seguinte: os instrumentos utilizados pelos professores são adequados à "avaliação exaustiva", como uma grande parte afirma fazer com o uso de créditos? Esses créditos, para servir à "avaliação global" do aluno, devem conter, além das provas de conhecimento, resultados de outras informações, para se poder emitir um julgamento sobre o aluno. Um desses instrumentos é a auto-avaliação, que estaria de acordo com o caráter psicologista desse tipo de julgamento.

Gráfico 9 – Uso de instrumentos de auto-avaliação e incorporação de seus resultados à menção final

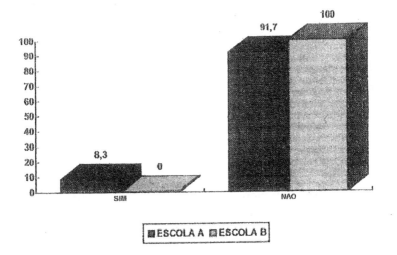

A questão sobre o uso da auto-avaliação tinha por objetivo caracterizar a sistematização dessa prática e não sua eventual utilização em sala de aula. Apesar de se ter obtido apenas uma

resposta positiva, o que significa que essa prática não faz parte do cotidiano das escolas investigadas, vale a pena analisar as respostas pelo seu conteúdo, que vai além da questão prática.

No relato da professora, esse recurso avaliatório serve ao objetivo de levar o aluno à autocrítica e desenvolver, a partir daí, o diálogo sobre a menção atribuída por ela. Ainda segundo a professora entrevistada, os alunos, depois de algum tempo de convivência com a prática, têm demonstrado coerência, honestidade e rigor nos seus julgamentos e têm assumido, juntamente com ela, a menção final. Na maioria das ocorrências de menção baixa, têm reconhecido a falta de empenho nos estudos e o baixo nível de esforço despendido para o autodesenvolvimento. Têm colocado, ainda, às claras, suas dificuldades, inclusive de ordem pessoal, tornando mais fácil uma decisão por parte da professora. O fato de essa menção ser um dos dados que decidirão a menção final torna os alunos conscientes de seu desenvolvimento e agentes participantes do processo de avaliação.

Se esse processo faz parte do cotidiano de uma professora, que representa 3,8% do total, para os outros não é atividade ou dado previsto. Alguns professores reagiram autoritariamente a essa postura, alegando que a responsabilidade de avaliar cabe unicamente a eles e, nessa condição, não quiseram abrir mão da prerrogativa; negaram-se a dividir a tarefa com quem quer que fosse. Manifestaram-se no sentido de hierarquia, colocando o aluno na situação de quem não tem competência para avaliar:

"eles não têm maturidade suficiente para essa responsabilidade".

CHAUÍ (1980) analisa a auto-avaliação em seus planos metafísico, antropológico, sociológico e político, e afirma que ela é a simplificação de problemas em realidade bastante complexos, pois dissimula a questão do autoritarismo que a avaliação exterioriza. Afinal, na avaliação de si próprio, o aluno não deixaria de se condicionar à cultura, que define valores, e às normas calcadas pelo sistema político existente na escola e na sociedade, mesmo que de modo inconsciente.

É preciso, por outro lado, pensar na avaliação não como uma finalidade em si mesma, mas como algo coerente com o processo de ensino e de aprendizagem. O instrumento em si traz alguma ideologia embutida; o que vai determinar mais fortemente a ideologia educacional é o uso que se faz dele. Dependendo da forma como é levado a cabo na prática, as implicações podem ser diferentes. Por isso o instrumento não pode ser somente analisado em si, mas também, e principalmente, no contexto teórico-prático da escola a que serve. Houve momentos de discussão com diferentes enfoques da participação do aluno. A auto-avaliação não foi descartada na legislação tecnicista que se instalou em 1971, com a Lei 5692. Em vez de considerar aspectos afetivos, ela passa a ser valorizada como instrumento útil ao controle, promovendo condições de *feedback* para o aluno. Numa escola crítica, que usa o instrumental disponível tendo como finalidade o redimensionamento do processo para garantir a qualidade de ensino, a auto-avaliação pode ser um dos fatores que revelem a passagem de um estágio desorganizado para o de consciência crítica. Essas considerações não perpassam as representações dos professores, que consideram inviável a auto-avaliação.

Outra reação significativa, diante do questionamento sobre auto-avaliação, foi a surpresa da descoberta.

"Sabe que eu nunca pensei em fazer isso?"
"Com toda a honestidade, isso não me passou pela cabeça. Acho que vou tentar... é uma idéia."

A perplexidade da descoberta do "ovo de Colombo" leva à única conclusão possível: há falta de reflexão e de informações entre os professores; o aluno, objeto do ensino, nunca foi pensado como agente da avaliação de sua reação diante desse ensino. Perceberam-se, entre os professores, sérias dúvidas e críticas a problemas relativamente simples. Na falta da reflexão sistemática e crítica para pensar o problema, o professor vem se agarrando a soluções previamente esquematizadas. É possível afirmar que eles usam, ainda, uma interpretação conveniente das normas legais de uma sociedade conservadora, reforçando a ideologia conservadora da escola.

Não se pretende emitir juízo de valor sobre a auto-avaliação. Mas pode-se emitir esse juízo acerca do desconhecimento e da rejeição, sem fundamento racional. Por intermédio da análise das respostas, pode-se chegar a algumas premissas norteadoras do comportamento dos professores:

1) Não há uma reflexão sistemática sobre os problemas em contexto de realidade.

2) Na ausência de reflexão, instala-se entre os professores uma ideologia da avaliação que rejeita o novo, desvaloriza o que não está de acordo com o tradicional.

3) Falta decisão aos professores, no sentido de se descomprometerem com o ranço da escola tradicional, sob pena de ser alijados do grupo, cuja cultura é consolidada por aquela escola.

O mesmo gráfico que expressa o uso da auto-avaliação poderia, com todos os seus dados, demonstrar o uso da avaliação do grupo, com o detalhe de que a professora a realizar essa atividade foi a mesma. A questão sobre o aluno ser avaliado por seus pares surgiu da enumeração das dificuldades para a execução de trabalhos e pesquisas fora da sala de aula, sob a alegação de que essa atividade, quando feita em grupo, resulta em injustiça, por alguns alunos se empenharem mais que outros. Se na sala de aula esse trabalho tem sofrido um controle da professora no sentido de verificar a participação de cada um, fora da classe esse controle tem escapado totalmente das mãos de quem avalia. Questionados sobre a possibilidade de o próprio grupo realizar essa avaliação, a idéia teve as mesmas reações percebidas quando da abordagem da auto-avaliação: ou desconhecimento de como conduzir um trabalho desse tipo ou rejeição do aluno como parte ativa do processo de atribuição de conceitos.

O único relato sobre julgamento do rendimento do aluno por outros alunos ficou por conta da mesma professora que procede, sistematicamente, à auto-avaliação. Tanto o resultado da auto-avaliação como a média que o aluno obteve dentro do grupo compuseram o conceito final do bimestre. A avaliação de grupo era feita de forma sigilosa, e cada elemento atribuía conceito a todos os outros e justificava. A professora tinha, assim, vários dados (um de cada parceiro de grupo) de cada aluno para julgar sua participação no trabalho, e calculava uma média. Os dados eram comparados e qualquer defasagem observada era investigada e justificada. A professora mostrou uma ficha de avaliação para cada grupo de trabalho, na qual lançava os dados apresentados.

Exemplo de uma ficha de auto-avaliação e avaliação pelo grupo, usada em sala de aula.

AVALIADOR/ AVALIADO	A	B	C	D	E	MÉDIA
A	▨					
B		▨				
C			▨			
D				▨		
E					▨	

O quadro dado como exemplo seria de um grupo composto por cinco alunos: A, B, C, D e E. Cada um deles atribuía conceito sobre a participação de todos os elementos do grupo. No sentido horizontal, a professora tem os conceitos do aluno A na primeira linha, do B na segunda, e assim por diante. Pode reservar uma última coluna para a média do aluno. Os espaços hachurados são da auto-avaliação, que pode ser comparada com os demais dados.

Os objetivos desse tipo de avaliação seriam, a par dos cognitivos, o desenvolvimento de hábitos e atitudes de sociabilidade, de justiça e de formação de valores.

Por mais que a avaliação funcione como uma arma ideológica de controle e que, ao passar para os alunos a função de avaliar, em realidade se possa estar querendo ter domínio sobre a forma de controle usada por eles, há de se pensar outra questão. Os professores alegaram, na maioria, a imaturidade do aluno para fazer julgamentos sobre um processo que ele, afinal, não domina ainda. Mas a imaturidade pode ser um conceito político e ideológico, desde que configure característica do dominado. Não se pode garantir que a antítese, ou seja, a maturidade, seja própria do professor numa questão que, se ideológica, não se mostra claramente científica. Somos nós, adultos e professores, amadurecidos o suficiente para avaliar? As crianças e jovens não usam a avaliação em sua vida diária, por meio de opiniões, juízos provisórios e características de sua individualidade?

O ato da avaliação consiste em uma habilidade aprendida e exercitada ao longo da vida. Todos os seres humanos são capazes dessa aprendizagem, mesmo porque ela não reflete apenas o conhecimento de quem avalia, mas aciona aspectos pessoais e aspectos adquiridos nas relações sociais. Essa aprendizagem parece ser sentida como um vácuo na formação dos professores: todos afirmaram não trazer em sua formação acadêmica conhecimentos e aprendizagem de atitudes que os tornassem preparados para o ato de avaliar. Todos afirmaram que aquilo que dominam a esse respeito foi adquirido, a duras penas, no cotidiano do magistério.

Na situação de insegurança e desconhecimento, resta lançar mão da técnica experimentada, senão como avaliador, pelo menos como avaliado. Ou seja, os professores, angustiados pela falta de interação entre a realidade e suas condições para superá-la, avaliaram como foram avaliados, reforçando os valores e comportamentos a que foram sujeitos. As respostas "prova" e "outros instrumentos tradicionais" surgem ideologicamente, uma vez que constituem

"uma reação padronizada às tensões padronizadas de um papel social" (SUTTON, *apud* GEERTZ, 1989: 174).

Isso constitui a própria definição de SUTTON para ideologia.

6. A escola que temos e a que pensamos ter

As representações existentes quanto à avaliação fatalmente nos levam a estender a discussão para a representação existente em torno de toda a problemática da escola. O conceito e o uso que se faz da avaliação trazem em si toda uma vinculação à escola existente, a que tipo de sociedade ela serve e que homem pretende formar.

Ao analisar a realidade da escola, seja qual for o aspecto focalizado, percebe-se que ela é composta de múltiplas dimensões que as teorias não conseguem abrigar num modelo explicativo puro. Tentar enquadrar a avaliação do rendimento do aluno em uma única teoria seria cair numa abstração confusa, quando a prática se apresenta muito mais complexa e mesclada, e os modelos explicativos são abstrações. Os outros aspectos da vida escolar também não se apresentam segundo uma configuração determinada entre as existentes na bibliografia pedagógica.

No aspecto levantado – a avaliação – pode-se perceber a interferência de diferentes abordagens. A escola crítica ainda constitui algo distante do quadro empírico, mas os outros paradigmas se sobrepõem nas práticas diárias, o que, sem dúvida, causa inúmeras contradições na realidade existente, sendo que na temática da avaliação talvez se identifiquem pontos em que se acumulam tendências de todas as explicações. A prova, instrumento que avalia a informação apreendida, ainda impera na avaliação do processo ensino–aprendizagem, paralelamente à participação, mas esses elementos constituem caricaturas na escola atual. Há sérias dúvidas de que o sistema de avaliação, tal como foi proposto na legislação, seja cumprido.

Isso não quer dizer que determinados tipos de instrumentos estejam rigidamente atrelados a modelos de escola. Mais do que o tipo de instrumento, o que serve como dado para caracterizar uma escola é o uso que faz de cada um deles e a finalidade que lhes é atribuída.

Podemos um dia vir a ter uma escola crítica, concreta, dentro das exigências do contexto de realidade? Para atingir o que se delineia, por enquanto, como utopia cabem esforços de todas as instâncias do processo educativo, desde a sala de aula até a elaboração dos textos legais que definem os rumos políticos e teóricos da educação. Se a análise desses fatores for feita no âmbito do movimento dialético, pode-se perceber que as práticas dos professores traduzem tendências, mas não deixam de atuar como determinantes teóricos, que são uma espécie de senso comum entre os professores. A organização do trabalho na escola, por um lado, fundamenta-se em aspectos teóricos. Por outro lado, as teorias vão buscar nas práticas a sua validação.

Não se pode afirmar que a avaliação tenha contornos nítidos que correspondam a um modelo de escola. Tampouco se deseja isso, pois seria esperar obter na prática um modelo puro como é a concepção teórica. Entretanto, as influências múltiplas sobre a prática avaliativa acabam por gerar contradições que adquirem dimensões consideráveis para o professor. São fonte de conflito no campo teórico-prático tanto quanto de angústia no terreno pessoal. Talvez a maior contradição do sistema de avaliação de nossas escolas resida no fato de não se ter um modelo definido, pelo excesso de modelos que influem na prática.

CAPÍTULO II

A PROVA: VILÃ OU BOI DE PIRANHA?

Não é rara a afirmação de que a falta de qualidade do ensino na escola fundamental e, conseqüentemente, seus altos índices de reprovação, evasão e mau rendimento se acentuaram a partir de um modelo tecnicista de escola, que fraciona o conhecimento, multifacetando-o e tirando seu aspecto de totalidade.

No modelo tecnicista de avaliação do rendimento do aluno, o maior peso cai exatamente nas avaliações formativas, que procuram verificar cada fração ensinada e retomá-la na medida em que se observa a falta de assimilação. Os testes objetivos, a instrução programada e as questões curtas são adequadas para testar essas facetas de conhecimento. Além disso, a avaliação é contínua, acompanhando e realimentando o processo ensino–aprendizagem.

Se o termo legal apregoa uma escola nos padrões tecnicistas e os planejamentos formais primaram por uma forma tecnicizada ao extremo, a prática de sala de aula parece não ter assumido essa roupagem. A prática da avaliação parece ser muito mais realizada de acordo com um modelo tradicional, no qual os instrumentos que detêm maior peso são abrangentes, dissertativos e de caráter somativo. Avaliam o produto de ensino e não têm servido como dado retroinformativo.

Não se pretende neste trabalho fazer apologia do tecnicismo na escola como padrão de excelência. O que se almeja é uma análise da realidade da escola que temos. E a realidade da avaliação aponta para rumos tradicionais, com poucos traços de tecnicismo, sem muita significação.

Esses traços ligam-se à atomização do conteúdo, que exige uma avaliação por passos, e à função de controle exercida pela avaliação.

A avaliação ainda funciona como instrumento de mensuração puramente quantitativo: descreve quanto o aluno absorveu das informações que lhe foram transmitidas. Desvincula-se do processo, constituindo ação estagnada e de mão única, uma vez que não garante a retomada do não-aprendido, que ficou demonstrado e estratificado.

A carência de uma linha teórica consistente para a escola torna suas práticas desarticuladas, dispersas, em vez de aglutinadas em um projeto unificado. Nessa condição, a única forma de avaliação é a que se firmou: formalizada (mediante instrumentos principalmente escritos), verticalizada (de cima para baixo na hierarquia da sala de aula) e classificatória (serve à aprovação ou à reprovação). Não é difícil entender que, nessa seara, a prova reine absoluta e imbatível, ratificada por todos como insubstituível. Assim, pareceu fundamental aprofundar aqui a análise dessa forma de avaliação.

Numa tentativa de obter uma resposta direta do professor, para não permanecer no campo das conjecturas, foi questionado o peso da prova em relação ao do trabalho em sala de aula.

Gráfico 10 – Peso da prova em relação ao trabalho de sala de aula

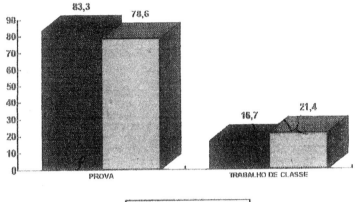

A resposta não traz diferenças significativas entre as duas escolas. Pode-se afirmar que está por volta de 80% (com pouca variação para mais ou para menos) o total de respostas que afirmaram, de modo incisivo, o valor maior da prova. Entre as cinco professoras que afirmaram dar mais valor ao trabalho cotidiano de sala de aula, duas apresentaram respostas contraditórias e evasivas. Pode-se pensar que com isso demonstram insegurança na afirmação, o que põe em dúvida a prática assumida. Uma delas afirmou, em outro ponto de vista, que

"*a avaliação escrita é que define a promoção e a retenção*".

Essa afirmação imprime caráter classificatório às provas, evidenciando que a decisão da professora tem sido assumida em face dos instrumentos formais. Essa decisão é puramente classificatória.

A outra professora se contradisse também em pergunta posterior, afirmando que

"*a nota da prova é a diretriz para o professor; a partir dela é que se podem acrescentar pontos por*

*atividades de sala de aula. Essas atividades não testam
o aluno, porque não oferecem as dificuldades da
prova".*

Segundo esse depoimento, as atividades de sala de aula não
oferecem dificuldades porque o aluno pode recorrer ao professor,
ao colega, ao livro. Para essa professora, a prova é o único
instrumento que resulta apenas

*"do estudo e do esforço do aluno. Por isso a
prova é que nos dá uma percepção do que é o aluno".*

Dias da Silva (1992), em pesquisa realizada em 5.ª série da
escola fundamental, faz observações sobre as condições em que
se realizam as provas: ambiente de silêncio, ausência de ajuda aos
alunos e de reformulação das questões não entendidas. O
professor se incumbe, numa situação desse tipo, de vigiar a
classe, cuidando para que essas condições não sejam rompidas. É
realçado, ainda, que nesse ambiente o aluno faz o que consegue,
mas nem sempre o que sabe.

As duas professoras cujas respostas foram contraditórias são
da Escola B. Se, em face da contradição posterior, as duas forem
eliminadas do quadro como professores que dão maior peso ao
trabalho de classe e transportadas para a categoria dos que
valorizam mais a prova, o índice total dessa categoria passa a ser
de 88,5% e o índice na Escola B sobe para 92,9%.

Gráfico 11 – Inferência sobre o peso da prova e do trabalho de sala de aula

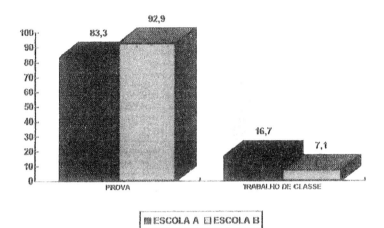

    Pela contradição verificada, além de uma desvalorização do acompanhamento do processo, pode-se perceber que as respostas, talvez de modo inconsciente, repudiaram a prova como instrumento mais valorizado. Se não inconsciente, é a própria consciência que aflora ao se colocar em xeque o valor. Entretanto, em outras questões, o ideológico predomina, com o sentido de valor não questionado. A contradição existe, basta provocá-la para que a dúvida e a insegurança se manifestem na resposta.
    A contradição não pára aí. Em face de um resultado alto para a categoria "prova", que caracteriza uma situação em que a maioria dos professores valorizou esse critério, supõe-se que ela seja, para eles, a forma mais eficiente de avaliação do rendimento escolar. A maioria negou essa eficiência, poucos a afirmaram e alguns não a questionaram ou responderam evasivamente.

Gráfico 12 — Eficiência da prova como instrumento de avaliação escolar

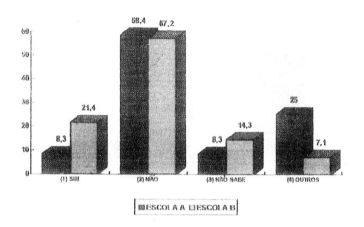

A categoria (1) representa as respostas de professores que demonstraram convicção no uso da prova como instrumento adequado e eficiente. O que se notou nessa categoria é que seus elementos se concentram nas áreas de Matemática e Ciências. A quantificação assume, assim, uma representação da exatidão, da objetividade e da neutralidade.

A categoria (2) concentrou mais da metade dos entrevistados: representa aqueles que usaram a prova, embora não acreditando nela. Somados aos da categoria (3), que tiveram dúvidas sobre a eficiência do instrumento, tem-se um total de 69,1% de professores que usaram a prova contraditoriamente, ou por negar sua eficiência ou simplesmente por desconhecê-la.

A categoria (4) reúne respostas evasivas que demonstraram falta de reflexão e de conhecimento teórico e legal. Nessa categoria, os professores expressaram opiniões como:

"*O ideal é o equilíbrio entre a prova e outras atividades.*"

Não ficaram explicitadas as idéias do que constitui esse equilíbrio nem quais seriam as "outras atividades".

Ou, ainda:

"É difícil para o professor trabalhar sem as provas."

Talvez seja difícil trabalhar sem a avaliação formal, dentro da organização do trabalho de sala de aula usado pelo professor. A modificação do processo avaliativo não pode ser isolada, mas supõe uma reformulação didático-pedagógica em que outras formas de avaliação possam emergir. Nas condições de trabalho que configuram uma escola tradicional, o lógico e mais próximo do possível é, sem dúvida, a avaliação tradicional ou a prova com as características supostas pelo modelo. Além disso, muitas vezes esse é o único instrumento em que o aluno tem uma informação sobre seu desempenho, acompanhada da correção.

"Se cadernos e livros não são alvo de feedback, *a prova – devolvida e corrigida sempre com a caneta vermelha – é a única medida 'objetiva' a que os alunos têm acesso."* (DIAS DA SILVA, 1992: 143)

Há, ainda, depoimentos que demonstraram desconhecimento da lei, com a professora procurando abrigar-se numa justificativa aceitável.

"A prova é obrigatória por lei."

Cabe comentar que o Regimento Comum, que é o instrumento legal mais abrangente sobre o funcionamento da escola estadual, não torna obrigatório o uso de provas. O Regimento fala em "instrumentos" para a avaliação do rendimento, nos quais sejam preponderantes os aspectos qualitativos; o que se observa é que o professor não analisa qualitativamente os resultados obtidos.

1. As provas

Basicamente, os instrumentos formais classificam-se em provas objetivas e provas dissertativas. Os dois tipos foram observados na prática, bem como a prova mista, com questões objetivas e dissertativas.

Percebe-se que, ao usar com freqüência quase absoluta esses tipos de instrumentos, o que se pretende é que o aluno chegue a respostas no campo cognitivo, desprezando outros tipos de instrumentos que venham ao encontro de objetivos pedagógicos não cognitivos, como as atitudes, a afetividade, a psicomotricidade.

1.1. Provas objetivas

Têm como característica solicitar do aluno o domínio de conhecimentos específicos da área. Dependem, principalmente, de memorização, compreensão, interpretação. Não permitem justificativa por parte do aluno para a resposta que oferece, o que leva a um alto grau de controle por parte do professor, que, por ser o elaborador da prova, é quem a justifica nas respostas propostas. Seu preparo é demorado e demanda técnica aprimorada; em compensação, o julgamento das respostas é rápido e direto.

A prova objetiva tanto pode solicitar uma resposta curta como a classificação de um rol apresentado, o preenchimento de lacunas, a múltipla escolha, a associação de itens, etc. Como é julgada de maneira objetiva, não pode dar margem a nenhuma outra resposta possível que não a concebida *a priori*, por uma questão de lógica da construção.

LAFOURCADE (1969) classifica essas provas em duas categorias: de seleção de respostas e de base estruturada. As provas de seleção podem conter duas ou múltiplas opções de resposta. O primeiro tipo, geralmente com opções Verdadeiro ou Falso, apresenta maior probabilidade de acerto casual (50%) e não oferece resposta diagnóstica: se o aluno responde de forma errada, é impossível saber qual a informação que o levou ao erro. O tipo de opção múltipla, além de oferecer respostas que servem ao diagnóstico do rendimento do aluno, tem características que permitem mensurar a aprendizagem mais complexa.

"[...] suas características especiais são adequadas a medir eficazmente resultados de aprendizagem muito complexos" (LAFOURCADE, 1969: 108).

Para prepará-la, o que se exige é uma elaboração que parece ser difícil para a maioria dos professores, sem noções básicas sobre a construção desse tipo de instrumento.

As provas de base estruturada são as que requerem uma única palavra ou expressão para completar ou responder à questão. Embora consideradas de fácil elaboração, essas questões podem tornar-se complexas na medida em que

> *"[...] levam em conta as condutas que estimularão sua representatividade, índice de discriminação e dificuldade [...]"* (LAFOURCADE, 1969: 91).

O autor aponta ainda a limitação desse tipo de questões, por ser

> *"inadequadas para medir resultados complexos de aprendizagem e para todo rendimento que não se possa expressar por uma palavra, símbolo ou número"* (LAFOURCADE, 1969: 92).

Grande parte das provas gramaticais foi realizada com questões objetivas de vários tipos. As professoras usaram bastante a classificação, bem como a questão de lacuna para discriminação, como se pode verificar no exemplo a seguir, de Português. A múltipla escolha permite uma prova de grande amostragem, como é exigido na avaliação somativa. Em gramática, formularam-se testes de múltipla escolha abordando toda a matéria de um mês ou bimestre. É o caso das provas a seguir.

EEPG

AVALIAÇÃO MENSAL DE LÍNGUA PORTUGUESA – 2.º bimestre

NOME _____ N.º ____ 8.ª série A

1. Classifique o Sujeito, quando houver, colocando nos parênteses SS para Sujeito Simples, SC para Sujeito Composto, SO para Sujeito Oculto, SI para Sujeito Indeterminado e OSS para Oração Sem Sujeito:

( ) As chuvas caíam torrencialmente.
( ) Reprovam alguns autores o uso desta forma verbal.
( ) Por florestas, vales, montanhas serpenteia o espumante Paraíba.
( ) Eram contrabandeados relógios e objetos de valor.
( ) Desta vez cercavam a classe média: menos salários, mais inflação.
( ) Ontem houve dois jogos importantes.
( ) Apela-se para os mais favorecidos.
( ) Publicou-se o despacho do ministro.
( ) Nas salinas venta constantemente.
( ) Pai, não nos deixe cair em tentação.

2. Classifique os Predicados, colocando PN para Predicado Nominal, PV para Predicado Verbal e PVN para Predicado Verbo-Nominal:

( ) O trabalho é o grande libertador do homem.
( ) Os jovens sonham acordados.
( ) Nós colhemos os frutos dos nossos esforços.
( ) O silêncio vale ouro.
( ) O otimista levanta-se e age.
( ) O pessimista senta-se e lastima-se.
( ) Acredite nas suas próprias forças.
( ) Nossos pensamentos também são nossos filhos.
( ) A cidade amanheceu triste.
( ) A incógnita era a fração mais ordinária.

3. Classifique os termos Integrantes grifados, colocando OD para Objeto Direto, OI para Objeto Indireto, CN para Complemento Nominal e AP para Agente da Passiva:

( ) Não vamos contar nada disso a ninguém.
( ) Eu admiro seu amor à arte.
( ) Posso dizer que fui bem recebido por todos.
( ) Você já pediu licença para sair?
( ) Gostaria de saber por quem foram convidadas estas pessoas.

( ) Encontrei-os sozinhos no jardim.
( ) Conte-me o que aconteceu ontem.
( ) A humanidade deve a Santos Dumont a invenção do avião.
( ) O Brasil foi primeiramente colonizado por portugueses.
( ) Não vou precisar mais disso.

4. Classifique os termos acessórios grifados, colocando ADN para Adjunto Adnominal, ADV para Adjunto Adverbial, AP para Aposto e V para Vocativo:

( ) Ele veio caminhando da cidade à noite.
( ) Muita gente morreu em virtude da gripe.
( ) Um vento franzia a tarde tímida e lavada.
( ) Ele saiu de cabeça erguida.
( ) Anote a reunião de cúpula.
( ) Pedro, pobre lavrador, achou um tesouro.
( ) Você não guarda segredos – coisa feia!
( ) As Danaídes eram as cinqüenta filhas de Danao, rei de Argos.
( ) Ó céus, ouve as minhas preces!.
( ) Neil Armstrong, cosmonauta americano, foi o primeiro homem a pisar na Lua.

5. Complete as frases corretamente com as parônimas:

1. Só agindo com _____ poderemos evitar o escândalo.
   (descrição–discrição)
2. A testemunha fez uma _____ completa do criminoso.
   (descrição–discrição)
3. O submarino _____ , mas logo veio à tona.
   (emergiu–imergiu)
4. Vários problemas _____ quando aprofundamos as investigações.
   (emergiram–imergiram)
5. No começo do século vieram para o Brasil muitos _____ italianos.
   (emigrantes–imigrantes)

EEPG
NOME _____N.º _____8.ª série A
Data _____

1. Nesta frase: "A simpática jovem nos orientou bem", as palavras grifadas são respectivamente:
( ) a. Substantivo, Adjetivo, Pronome, Advérbio
( ) b. Adjetivo, Substantivo, Pronome, Advérbio
( ) c. Pronome, Advérbio, Substantivo, Adjetivo

2. Em qual alternativa as palavras estão acentuadas corretamente?
( ) a. marítimos, mausoléu, várzea
( ) b. juriti, imperdoável, abdomen
( ) c. portuguêses, Éden, oásis

3. Qual justificativa se aplica para a acentuação destas palavras?
prédio, régua, histórias
( ) a. Acentuam-se as oxítonas terminadas em ditongo oral.
( ) b. Acentuam-se as paroxítonas terminadas em ditongo oral.
( ) c. Acentuam-se as proparoxítonas terminadas em ditongo oral.

4. Nesta frase: "Sentou-se, abriu a mochila, retirou uma caderneta e fez algumas anotações", a vírgula foi empregada para:
( ) a. separar palavras numa enumeração.
( ) b. separar orações independentes.
( ) c. separar expressões explicativas.

5. Assinale a alternativa que apresenta o plural correto das palavras:
( ) a. guarda-sóis, guardas-rodoviários, pães-de-ló
( ) b. beijas-flores, cartões-postais, peixes-voadores
( ) c. fogões-a-gás, meninas-moças, guardas-comidas

6. Qual justificativa se aplica para o plural destes substantivos?
vira-lata, guarda-roupa, beija-flor
( ) a. Substantivo mais Substantivo, os dois vão para o plural.

( ) b. Substantivo mais Adjetivo, os dois vão para o plural.
( ) c. Verbo mais Substantivo, só o segundo vai para o plural.

7. Assinale a alternativa em que o Particípio do verbo foi usado corretamente.
( ) a. Teriam prendido o cabeça do grupo?
( ) b. O contrato foi aceitado entre as partes.
( ) c. Os jogos foram suspendidos ontem.

8. Qual a justificativa correta para o emprego do particípio na frase: "O presidente foi eleito pelo povo"?
( ) a. Usa-se particípio regular com os verbos ter e haver.
( ) b. Usa-se particípio regular com os verbos ser e estar.
( ) c. Usa-se particípio irregular com os verbos ser e estar.

9. Assinale a alternativa em que a palavra ascender foi empregada corretamente.
( ) a. Aquelas idéias iam ascender a chama de seus ideais.
( ) b. Os escoteiros iam ascender a fogueira.
( ) c. Seu objetivo era ascender à presidência.

10. Qual das alternativas completa corretamente esta frase: "Ontem assistimos a uma _____de teatro"?
( ) a. seção
( ) b. sessão
( ) c. cessão

11. Qual alternativa completa corretamente esta frase: "O time de basquete não _____jogar hoje"?
( ) a. pode
( ) b. pôde
( ) c. N.D.A.

12. Qual alternativa completa corretamente a frase: "Um dia vocês _____ minhas palavras"?
( ) a. bendizerão
( ) b. bendizeram

( ) c. bendirão

13. Qual das alternativas completa corretamente esta frase: "Eu já _____ nesse espaço, hoje não _____ mais"?
( ) a. cabia–caibo
( ) b. coube–caibo
( ) c. coubera–caberei

14. Qual das alternativas completa corretamente a frase: "Se todos _____ partiríamos hoje"?
( ) a. quisessem
( ) b. quererem
( ) c. quiserem

15. Qual alternativa completa corretamente a frase: "Se nós _____ _____ a música, você se interessará por sua gravação?"?
( ) a. compormos
( ) b. compusermos
( ) c. compuséssemos

16. Qual das alternativas completa corretamente a frase: "Nós sempre _____ as informações que desejávamos"?
( ) a. obtemos
( ) b. obtínhamos
( ) c. obteremos

17. Qual alternativa completa corretamente a frase: "Se lhes pedíssemos, vocês _____ novas encomendas?"?
( ) a. trazeriam
( ) b. trariam
( ) c. trazerão

18. Qual alternativa completa corretamente a frase: "Se a jornalista _____ teria noticiado"?
( ) a. soubera
( ) b. sabia
( ) c. soubesse

19. Qual das alternativas completa corretamente a frase: "Eu
_____ por muitos trabalhadores"?
( ) a. valho
( ) b. valo
( ) c. vale

20. Qual das alternativas completa corretamente a frase: "Se nós
_____ o espetáculo, ficaremos emocionados"?
( ) a. vermos
( ) b. víssemos
( ) c. virmos

A formulação da questão é fundamental para que a compreensão seja exata a respeito do que é pedido. Caso contrário, pode ocorrer de uma resposta dada pelo aluno não ser a esperada pelo professor, mas não estar errada do ponto de vista lógico. Em Geografia, algumas questões com mapa anexo, que aparecem na prova a seguir, merecem análise.

Marília, 24 de setembro de 1991.
Nome: Maria Cláudia
n.º 25 8.ª série A

AVALIAÇÃO DE GEOGRAFIA

1. Pintar de amarelo:
   a) a América anglo-saxônica
2. Pintar de vermelho:
   a) os países andinos
   b) as Guianas
3. Pintar de laranja:
   a) o país de 2.º Mundo
   b) os países platinos
4. Quais cores estão representando os países da América Latina?
5. Dê três características do Brasil.
6. O México está ao sul dos Estados Unidos.
7. O lado brasileiro banhado pelo Atlântico é o: lado direito

(leste)
8. A Guatemala está ao sul do México.
9. O Equador está a leste do Brasil.
10. O Uruguai está ao sul do Brasil.

Respostas:

4. Vermelho, branco, laranja.
5. O Brasil tem um PNB (Produto Nacional Bruto) de 330 bilhões, o que o classifica como a 9.ª economia do mundo. A renda *per capita* é 2.250 dólares. Mas essa renda é concentrada. Enquanto 10% da população (os ricos) detêm 51% da renda, 60% da população (os pobres) ficam com apenas 15%.
O Brasil é o maior país da América do Sul.
O país mais industrializado não só da América do Sul como da América Latina.
6. ao sul.
7. lado direito
8. ao sul
9. a leste
10. ao sul

A resposta esperada para a questão 7 é *leste*. O aluno escreveu *lado direito*, tomando como referência o mapa. Da mesma forma poderia ter colocado na questão 8 a resposta *abaixo*, quando a esperada era *sul*.

As questões de múltipla escolha devem oferecer alternativas da mesma natureza, para garantir a discriminação da resposta correta, uma vez que esse é seu objetivo. As questões de associação constituem uma variação da múltipla escolha, com as mesmas respostas servindo a mais de uma questão. Em Ciências, na formulação de uma questão desse tipo, foi pedida a associação entre a segunda coluna e a primeira. A prova vem a seguir.

PROVA DE CIÊNCIAS – 7.ª SÉRIE

1. Relacione as duas colunas:
   a) Glândulas   (d) hormônio produzido pelo
                                        pâncreas que regula a
                                        assimilação de glicose pelas
                                        células.
   b) Paratireóides   (a) conjunto de células
                                        glandulares.
   c) Adrenalina   (e) doença causada pela
                                        insuficiência de insulina no
                                        organismo.
   d) Insulina   (b) produz hormônios que
                                        regulam a assimilação do
                                        cálcio e fósforo pelo
                                        organismo.
   e) Diabetes   (c) hormônio produzido pelas
                                        supra-renais que estimula o
                                        sistema nervoso simpático.

2. Relacione as duas colunas:
   a) Canais seminíferos   (d) glândulas femininas que
                                        produzem os óvulos.
   b) Testosterona   (b) hormônio responsável pelo

c) Vesículas seminais e próstata

d) Ovários

e) Progesterona

f) Estrógeno

desenvolvimento das características secundárias sexuais femininas.

(f) hormônio responsável pelo desenvolvimento das características secundárias sexuais masculinas.

(c) local onde se formam os espermatozóides.

(a) órgãos do aparelho reprodutor masculino que contribuem na produção do esperma.

(e) hormônio feminino que prepara o útero para a implantação do óvulo.

A questão 1 traz, na primeira coluna, um conceito genérico de Biologia (glândulas), um conceito específico dentro do mesmo campo (paratireóides), duas denominações de hormônios e uma de doença. Por eliminação, se o aluno soubesse que a diabetes é uma doença, mesmo sem conhecer suas características, acertaria. Se tivesse idéia vaga de quais são hormônios e quais são partes do corpo, poderia inferir a resposta inteira sem conhecimento que correspondesse a um acerto equivalente a cinco questões de resposta múltipla. Aliás, é assim que esse tipo de questão deveria funcionar: para cada vocábulo à esquerda, o aluno deve discriminar, entre os da direita, a resposta correta. Para haver discriminação real, todas as nomenclaturas à esquerda e os conceitos à direita deveriam possuir a mesma natureza, por exemplo, glândulas. O mesmo ocorreu com a segunda questão.

É sabido que a elaboração de questões objetivas exige, do avaliador, um bom nível de conhecimento técnico, sob pena de perder sua validade. Segundo VIANNA (1984), um instrumento bem elaborado assume o papel direcionador para o aluno, no sentido de indicar caminhos futuros em seu processo de estudos. O fato de abandonar esse tipo de avaliação, segundo o autor, não soluciona o problema de quem elabora provas, pois a construção de itens dissertativos também demanda técnicas. VIANNA aponta os riscos de trabalhar com provas mal construídas, que seriam, entre outros, a ausência de validade de conteúdo e a ênfase em aspectos não significativos desse conteúdo.

1.2. Provas dissertativas

Se os problemas são mais evidentes nos itens objetivos de avaliação,

"um bom item de dissertação é coisa rara, pois é mais difícil de ser construído, sobretudo quando se pretende um instrumento de alta qualidade" (STANLEY, *apud* VIANNA, 1984: 45).

Um dos erros mais freqüentes na elaboração desse tipo de prova reside na redução do número de questões, tornando a amostragem de conhecimento pouco abrangente e não significativa. Outro problema é a imprecisão na pergunta, sem caracterizar exatamente qual a resposta esperada. Ainda, a temática da questão pode versar sobre aspectos não significativos do conhecimento. Talvez o maior problema das questões dissertativas seja referente à correção: os critérios têm de ser estabelecidos com previsão dos possíveis erros e os padrões de correção têm de ser fixos. São difíceis de ser avaliadas questões que solicitam: "fale sobre...", "qual sua opinião a respeito...", "escreva sobre...". Elas oferecem um quadro proposicional muito amplo e o aluno terá dúvidas sobre os rumos e limites da questão. Além disso, o julgamento por parte do professor se torna excessivamente pessoal.

GRONLUND (1974) assegura que as questões dissertativas são apropriadas à mensuração de resultados de aprendizagem complexos, como descrições, explicações, comparações, interpretações, análises, críticas, avaliações, entre outros. A maior parte das questões de provas dissertativas analisadas corresponde a esse comportamento. Os exemplos a seguir foram retirados dos instrumentos analisados, seguidos da disciplina e do comportamento esperado.

"Qual é a diferença entre trabalho industrial e artesanato?" (Geografia – comparação)
"Em que locais os fungos se desenvolvem?" (Ciências – descrição)
"Explique o ciclo vital da taenia." (Ciências – explicação)

Várias questões, entre as formuladas em provas, apresentaram dúvidas quanto à resposta, devido a sua amplitude. Em Geografia:

"Dê três características do Brasil."

A questão não especificou o tipo de características esperadas, que em Geografia podem ser climáticas, econômicas, físicas, sociais e tantas outras. Examinando a resposta considerada correta pela professora, percebe-se que eram esperadas características econômicas. Mas essa foi a única questão sobre economia da prova, a qual, no restante, apresentou questões de localização e orientação.

Uma outra questão de Geografia, em outra série, pedia:

"Na sua opinião, o Brasil é um país desenvolvido ou subdesenvolvido? Justifique."

A formulação dá margem a que um aluno responda errado, mas, se tiver capacidade de argumentação, talvez possa utilizar fatos não significativos para justificar o nível de desenvolvimento do país. Deve ficar claro para o aluno que essa classificação depende de fatos concretos e critérios preestabelecidos, e não de um julgamento pessoal.

Quando se adotam como fundamento da medida critérios relativos, tem-se a medida referenciada à norma; quando a base é constituída de critérios absolutos, tem-se a medida referenciada a critério. Essa última é mais apropriada à avaliação de sala de aula, que pretende perceber até que ponto foram atingidos, por parte dos alunos, os objetivos propostos, o que é possível melhorar e como consegui-lo, nos casos de fracasso. Os objetivos expressam as modificações esperadas nos alunos ao ser submetidos ao processo ensino–aprendizagem. A avaliação, segundo TYLER,

"é o processo mediante o qual se determina o grau em que essas mudanças de comportamento estão realmente ocorrendo" (1974: 99).

O próprio autor assinala o fato de que a avaliação não pode ocorrer em um dado momento. É preciso um diagnóstico no início do processo para detectar quais as mudanças necessárias. Sem um quadro das condições iniciais do aluno, não é possível saber se houve modificações e em que direção elas conduzem o processo. Uma única avaliação ao final de uma unidade ou parte definida da matéria também não garante a permanência dos conhecimentos se a avaliação for fundamentada na memorização, na repetição e na reprodução. Pode-se até obter um bom resultado num instrumento desse tipo, no momento em que é aplicado, mas isso não garante a consecução dos objetivos se esses se dissiparem ou forem esquecidos após algum tempo.

2. O uso da prova

Retomando o Gráfico 12, no qual foram representados dados sobre a eficiência da prova como instrumento de avaliação da aprendizagem escolar, a categoria (1) reúne respostas de professores que afirmaram ser ela um bom instrumento. Como a entrevista deu oportunidade a explicações, os motivos que levaram esses quatro professores a considerar a prova instrumento adequado emergiram ao longo das justificativas. Apenas uma das respostas se referiu à mensuração do conhecimento por parte do aluno, e foi de uma professora de Matemática.

"A prova é o único instrumento em que se pode confiar, porque se tem certeza de que é resolvido totalmente pelo aluno."

A professora manifesta a preocupação de coletar dados que seguramente representem o conhecimento do aluno, e assim se apóia na prova.

As outras alegações para o uso da prova evidenciam distorções na tarefa pedagógica. Ela foi usada pelos professores com fins diversos da verificação da aprendizagem. Assim, pode-se dizer que ela se torna um instrumento tendencioso, do qual o professor lança mão para firmar seus pontos de vista sobre os alunos e a escola em geral, além de servir ao controle.

"É uma forma de obrigar o aluno a estudar."
"É documento para a avaliação."
"Prepara para situações de vida: vestibular, concursos..."

Essas afirmações só vêm confirmar a idéia de avaliação com finalidade em si mesma, realizada em momento estanque, quando se faz cessar todo o processo, se é que ele tenha de fato se desencadeado. Pode-se dizer que o conceito de avaliação existente entre os professores não é de uma ação comprometida com todo o contexto da aprendizagem escolar e da socialização. Por isso, ela não apresenta diferenças significativas em realidades tão diversas. Isso pode ser uma das pistas para entender o intrincado modelo da escola fundamental atual, com suas influências e tendências.

As técnicas utilizadas não devem ser vistas apenas como o fazer pedagógico predominante nas escolas, mas como o indício mais claro de algo que se mantém oculto à primeira vista: o modelo educacional. É a ponta do *iceberg* que, se torna certa sua existência, não denuncia toda sua profundidade.

A afirmação é unânime por parte dos professores: nunca receberam nenhuma formação específica, nos cursos de licenciatura, que os habilitasse a avaliar. Assim, em início de carreira, a decisão que julgam ser a mais segura é "avaliar como foram avaliados". Passam, assim, a usar o sistema e os instrumentos que conheceram quando alunos. Por isso, o modelo se perpetua, acrescentando-se a ele algumas inovações que surgem ao longo da carreira dos docentes. Não se pode negar a influência que o suposto modelo tecnicista, incitado pela legislação, tem exercido. O modelo tradicional se travestiu com postulados e conceitos tecnicistas. Os dois modelos – o tradicional e o tecnicista – são passíveis de miscigenação entre si por não estarem muito distantes um do outro.

O tecnicismo na avaliação e no currículo em geral ganha corpo em 1949, com a proposta de TYLER. As idéias de Ralph TYLER constituem uma visão ampliada e clara dos princípios curriculares de BOBBIT, autor influenciado pelo taylorismo. TYLER guarda profunda marca da visão científica de currículo proposta por BOBBIT, embasado nas ciências exatas e, portanto, com enfoque empírico-analítico. Esse enfoque, rastreado da pesquisa científica, tem como postulados a lógica se sobrepondo à realidade e a estruturação de um mundo acabado e com verdades dentro desse conceito fechado de universo. O modelo de currículo originado dessa visão é o técnico-linear, cujo centro é constituído pelos objetivos. A avaliação tem, nesse modelo, a função de detectar até que ponto os objetivos propostos estão sendo atingidos.

Segundo José Luiz DOMINGUES,

> *"a análise das propostas de Tyler permite verificar que o interesse subjacente é técnico, ou seja, de controle [...]"* (1986: 13).

É essa função que as provas desempenham: controle não só do processo ensino–aprendizagem, mas de uma situação global do aluno. É por meio das provas que se consegue averiguar quem estuda ou não; elas servem de controle documental para o professor, que em situação de insegurança passa a exigir fatos concretos, materiais.

Há representações sociais, absorvidas da classe dominante tanto pelos professores quanto pelos pais, que perpassam valores conservadores da sociedade. A escola reforça esses valores, que retornam a ela como exigência.

Resta, ainda, apontar a contradição que a situação de prova

demonstrou com relação aos que fazem uso dela. Muito embora a maioria não a considerasse eficiente como instrumento de verificação de aprendizagem (84,5%), seu uso foi indiscutível por todos. Numa tentativa de trazer à tona motivos conscientes ou inconscientes para o uso difuso que lastreia o sistema escolar, foi perguntado aos professores, que não a consideraram instrumento ideal, o porquê do uso. Um total de 22 professores constituiu o grupo considerado contraditório por usar amplamente a prova e criticá-la ao mesmo tempo. Destes, onze pertencem à Escola A e onze à Escola B.

Gráfico 13 – Motivos do uso da prova

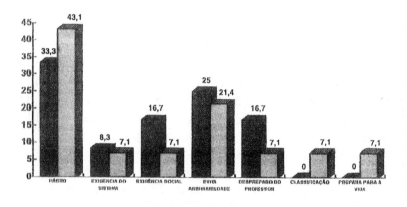

O total de professores não coincide com a soma das respostas porque alguns apresentaram mais de um motivo. No grupo que guarda contradição entre teoria e práxis pedagógica, a maior incidência de respostas (38,7%) pode ser caracterizada como "hábito". Considerou-se pertencente a essa categoria a resposta que evidenciava falta de questionamento sobre as funções da avaliação e a correspondência entre as formas de realizá-la, bem como a demonstração do caráter burocrático de que se revestia a prova, superando o aspecto pedagógico. Agruparam-se, assim, respostas daqueles que estão francamente condicionados ao esquema de prova enquanto instrumento avaliativo:

"Não consigo me desligar da prova."

Caíram no hábito os fatos inquestionáveis, tal como a prova se apresenta para alguns:

"É impossível avaliar sem ela."

Houve, ainda, a sempre plausível consideração sobre a falta de condições materiais e pedagógicas da escola, como se essas condições, principalmente as de ordem pedagógica, não tivessem também a responsabilidade do professor.

"Não há outra opção dentro das condições da escola."

Em ordem decrescente, viria logo depois dessa justificativa, com 23,1% de concentração de respostas, a observação sobre o caráter arbitrário e autoritário que a avaliação pode assumir sem a devida documentação. Segundo os depoimentos nesse sentido, a prova oferecia segurança ao professor e ao aluno, por apresentar um resultado que a qualquer momento pode ser conferido. Aqui se configura uma das atividades que caracterizam a verificação, segundo LUCKESI: o "congelamento" da ação, do momento ou da nota. Ela se perpetua, documentada na prova e registrada no diário do professor, em vez de oferecer dados para uma decisão que tenha por finalidade a melhoria da aprendizagem.

"[...] importa observar que o que está motivando e polarizando a ação não é a aprendizagem necessária, mas sim a nota. E isso, do ponto de vista educativo, é um desvio [...]" (LUCKESI, 1990: 75).

A avaliação realizada como uma finalidade em si mesma, e não como meio de melhoria do ensino, é exatamente o que a torna submissa a uma concepção autoritária da escola. Qualquer que seja a forma de avaliação efetuada, ela traduz concepções teóricas da escola, da educação e da sociedade. Mas, da forma como é praticada na escola fundamental, demonstra uma ingenuidade que denota a alienação para com as práticas escolares e sua vinculação sociopolítica. A afirmativa de que a prova evita arbitrariedades demonstra um exercício inconsciente dessa prática, como se seu uso fosse neutro e não estivesse vinculado a modelos teóricos de educação e de sociedade. O fato de não se enxergar outra opção, ou condições para outra forma de avaliação, coloca a prova como única forma possível de se efetuar a prática avaliativa. Na ausência de opções, seja esse fato de natureza subjetiva ou objetiva, pode-se dizer que a forma utilizada reforça o modelo existente, ou seja, atua como mecanismo conservador do sistema que, por sua vez, é reprodutor de práticas sociais. Assim, a avaliação, tal como vem sendo praticada, não está voltada para uma transformação da escola, no sentido de melhorar seus resultados e seu desempenho.

Voltando ao modelo técnico-linear apregoado por TYLER, com embasamento nos princípios da ciência empírico-analítica, a prova é, para o professor, irrefutável, indiscutível, porque é documento, de próprio punho e assinado pelo aluno. O fato de ter assumido uma pedagogia tecnicista no contexto legal não tira a educação de um contexto conservador. LUCKESI (1985) analisa a pedagogia tradicional, a escolanovista e a tecnicista como três expressões do mesmo modelo social, que é liberal-conservador. Se os enfoques sofrem modificações, a origem é a mesma. Por isso as pedagogias tradicional e tecnicista se mesclam com tanta facilidade: por servirem ao mesmo modelo social, sem chances de ultrapassar esse modelo. As mudanças se dão no interior do sistema, mas não ultrapassam a condição social da escola.

O caráter conservador e autoritário já está incorporado às expectativas de todo o grupo que compõe a comunidade escolar: professores, alunos, pais e administradores. Daí ganhar sentido a categoria que agrupa respostas correspondentes à "exigência" ou expectativa da sociedade. Essa sociedade se refere, nas citações dos professores, a alunos e pais.

> *"Os pais querem ver a prova [...] perguntam por ela e como o aluno desempenhou na prova, mas não em outras situações [...]"*

3. A ideologia no uso da prova

Ao se afirmar a existência de uma ideologia no uso da prova, torna-se necessário esclarecer o sentido do termo adotado. Isso porque a ideologia é um conceito cheio de significações, apresentando contradições, paradoxos e ambigüidades entre si. Michael LÖWY, em *Ideologias e ciência social: elementos para uma análise marxista* (1989), traça uma síntese do percurso que o conceito percorreu até nossos dias. Usado inicialmente por Destutt de Tracy, ele constitui uma parte da zoologia, no sentido de significar a interação entre o meio ambiente e o organismo. Napoleão, ao atacar Tracy, chama-o de ideólogo, revertendo o termo para o indivíduo que vive no mundo das idéias. Retomado por Marx, passa a significar inversão da realidade, por admitir a idéia como essência da vida real. Marx encara esse fato como ilusório e falso, uma deformação da realidade. Após Marx, a ideologia ganha outra significação com Lenin:

> *"a ideologia, como qualquer concepção da realidade social ou política, vinculada aos interesses de certas classes sociais"* (LÖWY, 1989: 12).

LÖWY analisa a tentativa de ordenar a confusão originada pelo termo e realizada por Karl MANNHEIM no livro *Ideologia e utopia*. MANNHEIM contrapõe a ideologia à utopia, como diferentes intensidades do fenômeno social. Enquanto a utopia aspira a uma realidade diferente da que se apresenta, exercendo o papel de crítica da ordem existente, a ideologia é constituída por idéias e doutrinas que legitimam essa ordem. Portanto, a ideologia é conservadora, acrítica e se presta à ordem existente. LÖWY propõe um conceito que pode servir tanto à ideologia quanto à utopia, que é "visão social de mundo" (p. 13). A visão social de mundo, de acordo com a função que venha a exercer no contexto social, é portanto utópica ou ideológica. A visão social utópica tem função de criticar e negar a realidade, apontando rumos ainda inexistentes. A visão social ideológica tem a função de manter a ordem existente, defendê-la e justificá-la, legitimando-a.

Portanto, ao se admitir uma ideologia da avaliação, o que se quer analisar é exatamente a situação de conservadorismo que se empresta aos processos avaliativos na escola. Na medida em que são usados os mesmos instrumentos da escola tradicional, com o mesmo objetivo classificatório, o professor legitima o modelo tradicional, sem críticas e sem buscas do novo ou da negação do existente.

Para se negar o existente, no caso a prova, é preciso ter consciência de suas características fundamentais, que são então negadas. A prova tem como características essenciais o fato esporádico, intermitente e breve; a ausência de convivência como exigência para avaliar; o tratamento genérico que dá a todos os alunos; a pretensão de se manter neutra, isto é, de se constituir em um procedimento puramente técnico. Os professores, preocupados com soluções práticas, não se apercebem das opções políticas embutidas em cada proposta de ação.

Ao delimitar a avaliação em um sistema de provas, nega-se sua própria essência. Limitada à construção, aplicação e correção de instrumentos escritos, a avaliação da aprendizagem fica na dependência de técnicas específicas para essas atividades. Além de não atender às solicitações técnicas, o problema vai além: define uma ideologia de controle do apreendido, subordinado aos critérios pessoais de cada professor, ratificando o modelo existente. É ilusão pensar que a avaliação seja uma atividade meramente técnica. Ela constitui um processo intencional, o que demanda reflexão. Assim, traz embutida uma questão política, transformando o julgamento num exercício de autoritarismo.

Como obter a negação disso é a questão que se coloca quando todos os envolvidos, professores e alunos, buscam uma mudança na qualidade de seus atos. Enquanto a prova é tomada como um instrumento quantitativo, uma medida que tem como resultante quanto o aluno aprendeu, transformado numa quantidade numérica ou equivalente, a avaliação qualitativa tem como característica principal a participação, como defende o educador Pedro Demo (1988). A participação traduz a qualidade política do processo. Isso não quer dizer que haja desprezo pela técnica. A técnica supõe, segundo Demo, uma qualidade formal, que se refere ao aperfeiçoamento dos meios, instrumentos e métodos utilizados. A qualidade política está ligada aos objetivos e conteúdos. Os meios se subordinam aos fins, o que se traduz num condicionamento da qualidade formal à qualidade política. Se os meios não estão servindo aos fins propostos, são indevidos. A técnica em si, sem a qualidade política, supõe uma ideologia de desqualificação da escola. Aqui se nota a presença da ideologia: ao legitimar a situação existente, as técnicas propostas não visam à melhoria de qualidade política.

"[...] qualidade política é aquela que trata dos conteúdos da vida humana e sua perfeição é a arte de viver" (DEMO, 1988: 19).

A predominância do quantitativo na área da aprendizagem se justifica pela segurança da manipulação, facilidade de testar e mensurar, e aparente resistência à penetração de ideologias. O abuso desses instrumentos leva à radicalização de se reconhecer como real apenas o quantitativo, o mensurável. Isso se traduz em muitos professores que demonstram clara preferência pela nota, em vez da menção, por ser de mais fácil aplicação e entendimento.

Se a quantidade pode atingir as raias do empirismo, captar a dimensão qualitativa implica uma atitude política e histórica. Isso porque ela está centrada na participação, que faz parte do desejo político do ser humano num processo histórico de conquistas nesse sentido, tendo por finalidade a sociedade que ele julga ideal. Uma avaliação qualitativa implica perceber a capacidade de cada aluno para abrir espaços dentro do conhecimento científico, de modo a utilizá-lo, convenientemente, para a melhoria de sua vida. Essa melhoria diz respeito tanto a uma dimensão individual, no campo psicológico, quanto à dimensão política, que se relaciona com o compromisso para com a sociedade.

Assim, não há avaliação qualitativa em contatos esporádicos: exige-se um mínimo de convivência para uma avaliação real. Ela também não aceita generalizações, prende-se mais à problemática particular. A participação pressuposta não se traduz em um conceito ou alguns pontos na nota final. Supõe o acompanhamento do processo, a correção de suas falhas a tempo de ser absorvida e a dosagem de intensidade apropriada a cada um.

Pode-se pensar que, nas condições atuais da escola fundamental, isso se constitui em uma situação utópica. Mas é a utopia o referencial crítico de negação da realidade. Sem um modelo utópico, não se pode caminhar no seu rumo. É dessa forma que se fixa a posição ideológica de manutenção da situação. A situação da escola tradicional, atualmente bastante arraigada, é de utilização da prova para a classificação de alunos, e não para a melhoria de sua aprendizagem. No ato de risco que é a classificação, a prova se apresenta como instrumento seguro e adequado para o professor.

"[...] ela [a prova] é o único instrumento que oferece segurança para se aprovar ou reprovar".

Devem-se ressaltar ainda no terreno da ideologia as posturas que correspondem a determinadas teorias de educação e de aprendizagem. A maioria das posturas teóricas é assumida de forma ideológica, isto é, compromissada com uma prática já existente e não com a possível mudança pedagógica. Isso ocorre devido a uma disseminação da ideologia por todo o sistema, desde a sala de aula até o poder central. Graças a essas posturas, disseminadas ideologicamente, a organização do trabalho de sala de aula passa a ser reflexo da organização nos diversos escalões da estrutura burocrática.

Marli André (1990) aponta algumas características estruturais que permeiam todo o sistema educacional: a centralização, a repetição do conhecimento pronto e acabado, a falta de um projeto pedagógico. A centralização, que coloca o professor como detentor de toda a autoridade na sala de aula, reproduz o poder centralizado do diretor e de todas as instâncias burocráticas, até o último cargo. As normas não são discutidas nem no nível central nem no nível da unidade. Na sala de aula, o processo se repete: não há discussão do processo ensino–aprendizagem, dos resultados obtidos ou da nota final. A repetição do conhecimento, tal como foi passado na aula, está impregnada de ideologia; o professor não transmite apenas conteúdos, mas sua visão sobre esses conteúdos, valores, atitudes. O terceiro ponto diz respeito a um projeto real de ensino.

"Quando existe o planejamento, esse em geral se transforma numa tarefa burocrática, repetitiva, de cumprimento de ordens vindas de cima para baixo, apenas para satisfazer as aparências. Perde-se com isso uma oportunidade extremamente valiosa de construir uma linha de trabalho comum, em que fiquem definidos os fins que se pretende alcançar com a educação escolar e os meios necessários para que esses fins sejam realmente atingidos." (ANDRÉ, 1990: 68)

A falta de um projeto comum e mesmo de uma linha teórica definida resulta num trabalho desarticulado em que cada professor se fixa no conteúdo específico de sua disciplina. Os diferentes conteúdos, sem articulação, fragmentam o conhecimento; a avaliação baseada nessa fragmentação não serve aos fins da educação, mas ao fim imediato e burocrático de atribuir nota ao final de um período.

"Não é muito difícil prever que, nessa situação, devem prevalecer esquemas formais de cobrança, baseados em conteúdos isolados, definidos de cima para baixo, privilegiando certos aspectos do comportamento em detrimento de outros e com propósitos meramente classificatórios." (ANDRÉ, 1990: 69)

A ausência de diretrizes para o trabalho escolar, a estrutura centralizadora e o reprodutivismo no conhecimento acusam falta de reflexão sobre as tarefas pedagógicas e sobre a instituição escolar, bem como sua relação com as práticas sociais. É evidente que não se pode isentar a estrutura oriunda de cima, dos poderes centrais, por essa situação de alienação e arcaísmo da escola. Mas há de se convir que, servindo a objetivos conservadores, a escola serve à manutenção também do poder, não se podendo esperar dele uma revolução educacional. A verdadeira instauração de um estágio revolucionário só se dará, portanto, a partir das bases, ou do trabalho de sala de aula. Enquanto essas bases não assumem uma posição de reflexão e intercomunicação, num trabalho participativo e de totalidade, a avaliação será segmentada, classificatória e finalizadora do processo.

4. Fundamento epistemológico da prova

As discussões sobre um modelo de avaliação escolar, bem como a análise da problemática, perpassam a epistemologia e seus fundamentos teóricos. Assim, o modelo objetivista de avaliação tem suas raízes no pensamento positivista, cuja ênfase maior é posta no isolamento entre o fato e o sujeito que o estuda. Para ser científico, o dado há de ser objetivo, isto é, passível de mensuração e de observação. Há toda uma atenção voltada aos instrumentos no sentido de que forneçam dados objetivos. Fragmenta-se a realidade numa busca de objetividade em cada uma de suas partes e apregoa-se que a soma dessas partes oferece explicações sobre o todo.

Na atividade avaliatória, vai-se realçando o produto observável, por meio de medidas adequadas. Evoluindo no sentido tecnicista, a educação e, conseqüentemente, a avaliação criam uma dependência do planejamento educacional. Sem criticar o planejamento, que sem dúvida é necessário a qualquer atividade intencional, o que vale a pena analisar é a concentração exigida nessa fase, em detrimento das outras. A supervisão escolar, no âmbito da unidade e no central, focaliza suas atividades no exame de projetos.

"[...] sob a égide do positivismo, racionalismo e funcionalismo, o critério de competência do professor deslocou-se do 'saber fazer' no concreto para o 'saber planejar o que fazer' no papel. Na medida em que não

existe uma relação linear entre ambas as habilidades, muitos equívocos foram cometidos [...]" (FRANCO, 1990: 65).

É dentro do modelo objetivista que a prova encontra fundamento, com pretensões de ser um instrumento neutro na coleta de dados, sem a interferência de outrem. Essa suposta neutralidade avalia o produto, como se não houvesse interferências do professor no processo, seja ao selecionar os conteúdos, seja na construção dos instrumentos. A preocupação dos professores em garantir a objetividade do conhecimento leva-os a uma mensuração do produto, sem a preocupação de garantir o processo ou de analisar a fragilidade dos resultados. A maioria reconhece essa fragilidade, mas não busca explicações para o fato. Esse reconhecimento surge nas respostas sobre o desempenho dos alunos nos diferentes instrumentos, quando utilizados.

Gráfico 14 – Instrumentos que apresentam o pior desempenho dos alunos

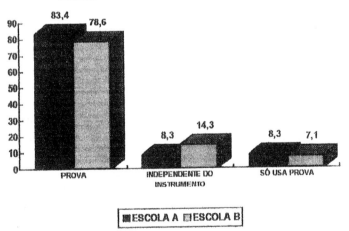

Mais uma vez não se nota diferença significativa entre os totais de realidades diversas. A maioria dos professores afirmou o mau rendimento dos alunos nas provas, comparado com outros instrumentos. Apontaram prováveis causas para o fato: tensão do

aluno em situação formal de avaliação, falta de domínio pelos professores de técnicas básicas para elaboração e correção dos instrumentos de forma adequada, amostragem pouco significativa de dados resultante de um instrumento mensal.

Poucos professores (11,5% do total) fugiram da resposta que colocava a prova como o pior desempenho dos alunos e reforçaram a idéia de que:

"o bom aluno vai bem em tudo",

ou

"quem vai mal não tem conserto".

Esse grupo afirmava que a técnica de avaliação não influi no resultado, pois ele depende basicamente do aluno. A afirmativa faz pensar na neutralidade do instrumento, qualquer que seja.

O terceiro grupo representa 7,7% do total e confessou a ausência de um referencial para análise comparativa por só ter usado a prova.

Apesar desses resultados negativos, e da constatação de eles estarem ligados ao instrumento prova, ela continuava representando o maior peso na menção final, pois funcionava como referencial para as respostas dos professores, mesmo quando eram usados créditos ou instrumentos diferenciados. A partir da afirmação dos professores de que sua formação foi precária quanto ao estudo da avaliação e de instrumentos avaliativos, a única conclusão aceitável é que o uso da prova é ideológico, no sentido de se ater ao que há de mais conservador nessa área.

Ao modelo epistemológico objetivista se opõe a abordagem subjetivista, em que há predominância do sujeito sobre o objeto, uma vez que o conhecimento é concebido como parcial e determinado a partir do sujeito. A preocupação não se prende ao produto – o conhecimento adquirido –, mas aos processos de aquisição desse conhecimento. A avaliação tenta fazer emergir o potencial de cada um. Esse modelo enquadra-se bem no escolanovismo, mas as crianças de cultura deficitária são seriamente prejudicadas nesse sistema.

Segundo FRANCO (1990), os dois modelos, objetivista e subjetivista, pecam pela ausência da historicidade e da transitoriedade dos fatos. A procura de um modelo mais amplo leva a uma abordagem em que a educação é analisada como dependente de estruturas abrangentes do Estado e da ideologia. A autora atenta para o problema que pode resultar dessa análise macroestrutural, ou seja, a perda da visão do indivíduo e da escola como problemas microcósmicos. A proposta de se ligar a análise macro à visão micro resulta numa proposta dialética.

> *"A redefinição da avaliação educacional deve ter, como unidade de análise, o vínculo indivíduo–sociedade numa dimensão histórica."* (FRANCO, 1990: 66)

A avaliação educacional a que a autora se refere visa à análise do sistema educacional. O rendimento escolar e sua mensuração devem ser redimensionados como elementos do sistema, no sentido da proposta.

5. Vilã ou boi de piranha?

A análise do papel que a avaliação desempenha dentro do sistema escolar não é possível sem a análise do próprio sistema. Como parte do todo, ela está impregnada das mesmas deficiências que caracterizam o sistema. Retornando ao livro de ANDRÉ (1990), essas características são basicamente três: a centralização, a reprodução e a ausência de projeto.

A centralização tem como maior conseqüência o autoritarismo. A democracia nas relações sociais só se efetiva quando chega a atuar no nível da realidade concreta. É a partir dessa realidade, de suas características e necessidades, que se estabelece uma prática escolar e social democrática. O mecanismo essencial da democracia é a participação de todos, o que traz qualidade política a atos políticos, uma vez que tratam de relações entre pessoas. A centralização colabora ainda com a burocratização em todos os níveis. Dentro da escola, a burocracia vem de cima para baixo, na medida em que o diretor, por força de condicionantes imediatos, se ocupa muito mais do administrativo do que do pedagógico: condições do prédio, problemas de segurança, falta de professores, falta de recursos financeiros e humanos, escrituração escolar atualizada. Essa atividade burocrática atinge a relação professor–aluno, transformando as práticas advindas dela mais em burocráticas do que em pedagógicas. A avaliação, como elemento do processo que fornece dados concretos à administração, passa a ser atacada como o elemento gerador do fracasso expresso nesses dados. Entretanto, a avaliação é um dos elementos curriculares e, como tal, conserva as características do todo, ou seja, de todo o currículo da escola.

A forma burocratizada chega também às relações escola–comunidade, numa causação dialética: na medida em que o resultado depende da burocracia, a clientela responde burocraticamente, ou exigindo que se cumpra a burocracia. Daí uma afirmação quase generalizada de que

"há um grande condicionamento da clientela e dos pais à avaliação como prova".

O condicionamento tem origem na própria instituição escolar: ela condicionou os pais e os alunos à realização de provas. Os professores se sentem atrelados à prática da prova e à cobrança da comunidade. Insistem na aplicação de uma prática que, segundo eles mesmos, não oferece resultados positivos para o processo ensino–aprendizagem. Tacham a prova como vilã da história, mas não promovem esforços para transformá-la em prática positiva ou modificar toda a práxis da avaliação.

"A gente sente que os alunos sabem pelas atividades de sala de aula e não vão bem em instrumentos escritos."

O observado pára na constatação: não se aprofunda em uma procura do porquê ou em uma hipótese que possa ser iniciada como prática. Às vezes, arrisca uma explicação que finaliza a discussão com afirmativas categóricas.

"Os alunos vão pior na prova porque não estudam."

A afirmação deixa evidente que, no conceito dos professores, a prova mede aprendizagem, mas não ensino. Parece que o referencial de trabalho é o "bom aluno", para o qual são idealizadas as provas e todo o trabalho de classe.

"[...] a questão é que [os professores] revelam uma concepção de trabalho estabelecida a partir do 'BOM ALUNO' – não idealizado, mas aqueles bons alunos presentes em cada classe [...]
Parece que muitas vezes o 'bom aluno' (com base, maduro e responsável) é o aluno esperado, aquele com quem se pode trabalhar, ou pior, com quem se sabe trabalhar [...]" (DIAS DA SILVA, 1992:157).

A burocracia coloca, ainda, a prova como documento, que comprova a execução da etapa avaliatória, além de perpetuá-la no papel. Mais uma vez se nota a ligação entre a avaliação e a concepção de todo o processo educativo. Muitas vezes isso se processa de forma ingênua por parte do professor, mas alguns já têm a consciência do autoritarismo implícito na prática, que, em última instância, reflete o autoritarismo da sociedade, passando pela instituição escolar.

"[A avaliação] é documento, mas às vezes passa a ser arma do professor."

A questão do autoritarismo em sala de aula e na avaliação não se demonstra apenas pelo uso da prova, mas pelo próprio conceito de avaliação. A chamada "avaliação exaustiva", tão bem analisada por GIMENO (1988), pode redundar na manipulação autoritária da nota ou conceito pelo professor.

"Tem aluno bom que bagunça: aí a nota cai."

A avaliação toma conotação de castigo, de vilã que usurpa o que foi conseguido pelo aluno, quando de fato é usada para fins que não os de avaliar. O vilão, em realidade, é o professor, muitas vezes sem consciência disso.

Outra característica do sistema que não pode ser ignorada, por determinar processo e produto de avaliação, é a reprodução do cognitivo, de modo simplista, sem levar em conta a mediação exercida pelo aluno. Nessa condição, a aprendizagem do aluno se manifesta quando reproduz exatamente o que lhe foi ensinado pelo professor. A significação do conteúdo reside, assim, no professor, e o aluno é avaliado por ela. Essa concepção adotada pela escola e pelos professores é transmitida aos alunos por meio de práticas pedagógicas que guardam todo o caráter memorizador. A avaliação procura, nessa concepção, fixar-se ao que foi dado em sala de aula, tendo por critério a memorização, habilidade que passa a responder pela maior parte do processo de aprendizagem. Não se pode negar que todo processo de aprendizagem faz uso da reprodução e da memória. O que se torna radical é avaliar com base apenas nessas características, ignorando a mediação do aluno.

"Se eu mudar os exercícios, os alunos não tiram nota. Eles têm de ser exatamente iguais aos que foram dados em aula."

Processando-se dessa forma, a avaliação condiciona o trabalho de sala de aula e a concepção do ato de estudar é sinônimo de memorizar e treinar.

"Os alunos estudam, na última aula antes da prova, um questionário, do qual tiro as questões para a prova."

Abrem-se duas alternativas que ocorrem em situações inadequadas de prova: ou as questões formuladas não são coerentes com o que é feito em sala de aula ou são idênticas às questões propostas previamente. Dias da Silva aponta as duas situações como resultantes da má-fé dos professores.

"[...] esses corruptos pedagógicos nunca encaram dificuldades com a avaliação dos alunos, já que todos vão sempre muito bem, obrigado [...]" (DIAS DA SILVA, 1992: 141).

Vinculada aos objetivos do ensino e guardando nítida relação com o conteúdo, a avaliação pode atuar no sentido de coletar o que o aluno aprendeu, em função de quais objetivos, e, a partir do resultado alcançado, reformular esses elementos, que passarão a reformular a avaliação. Se essa relação for estabelecida, a avaliação perde o lugar de finalizadora e passa a ser alimentadora do processo por meio dos dados concretos que fornece. Pode-se instalar uma relação que sirva à transformação social.

A terceira característica citada por ANDRÉ é a ausência de um projeto norteador, uma diretriz para o trabalho escolar. Se a prática é o elemento fundamental para a construção da transformação social e por meio dela os homens se tornam sujeitos da história, é necessário que essa intervenção seja refletida, tenha caminhos e objetivos definidos *a priori*. Caso contrário, entregue a indivíduos diferentes, com diferentes concepções práticas e restritos a sua área de conhecimento, a prática assume um caráter fragmentário, desarticulado e isolado. Quando se fala em projeto, esse se refere a uma prática pensada e integrada nas diferentes tarefas educativas. Por se constituir em atividades cotidianas, as práticas de sala de aula são muitas vezes entendidas como meramente empíricas, fruto de experiência prática. O cotidiano não implica permanecer no empirismo, estabelecendo uma separação efetiva entre a teoria e a prática, o planejamento e a execução, o intelectual e o manual. A prática pensada requer a fundamentação teórica e a prática integrada solicita um modelo político de escola.

As diretoras das duas escolas investigadas afirmam que os professores têm total liberdade para estabelecer critérios, instrumentos e uso de avaliação em sala de aula. Isso isenta a diretora de qualquer responsabilidade pedagógica, legitimando sua posição preponderantemente administrativa e burocrática. O fato de existir um projeto partilhado não tolhe a liberdade do professor dentro de suas funções específicas. Além disso, envolve outros setores da escola que não podem manter-se à parte do processo pedagógico e oferece, aos professores, segurança em seu trabalho. Não é uma atividade que se faz às cegas, mecanicamente, mas com base numa reflexão sobre a prática iluminada pelas referências teóricas.

O projeto partilhado garante a coerência interna da escola. Quando uma professora responde que faz uso da prova como instrumento de avaliação e logo após nega sua eficiência afirmando seus péssimos resultados, demonstra incoerência e falta de identificação com um projeto articulado. Só a partir dessa articulação interna é que se pode pensar numa conexão escola–sociedade, do pedagógico com o político. Uma vez articulada em suas instâncias e tarefas, a escola pode pensar uma interação com o contexto sociocultural, numa relação dialética.

CAPÍTULO III

A INTERPRETAÇÃO DOS DADOS OBTIDOS NA AVALIAÇÃO: CORREÇÃO E TRANSFORMAÇÃO EM CONCEITOS

Tomando a fenomenologia da aferição dos resultados da aprendizagem escolar exposta por LUCKESI (1990), após a obtenção dos dados, mediante instrumentos de mensuração, o professor passa à conversão desses dados em uma expressão numérica (a nota) ou uma expressão verbal (o conceito), que sintetiza um julgamento sobre o que foi aferido. Para proceder a essa transformação, a unidade de referência é o acerto, ligado a um critério de valores previamente estabelecido.

"Notas e conceitos, em princípio, expressam a qualidade que se atribui à aprendizagem do educando, medida sob a forma de acertos ou pontos." (LUCKESI, 1990: 74)

Seja nota ou conceito, a expressão do julgamento feito (o resultado) está fundamentada em um critério para a correção e contagem de pontos ou atribuição de menções. Historicamente, Renato A. DI DIO (1981) confirma uma interpretação dialética sobre a evolução do critério de avaliação do rendimento escolar. Segundo o autor, os três momentos, que se identificam como tese, antítese e síntese na avaliação, teriam ocorrido, respectivamente:

1) na escola tradicional, num sistema autocrático, no qual a referência era o saber do professor e a ele era conferida uma ampla margem de arbítrio;
2) na avaliação normativa, ou referenciada em norma, que toma por base uma média estatística, mudando a referência para o nível de rendimento médio do grupo;
3) na medida baseada em critérios, cuja referência são os objetivos atingidos pelo aluno.

A avaliação normativa representaria um avanço da escola tradicional, passando o aluno a ser sua principal referência. A medida baseada em critérios tem como tarefa verificar a consecução dos objetivos estabelecidos pelos alunos e tem estado ligada ao modelo tecnicista. Essa medida é baseada em critérios de exclusão: ou o aluno atingiu o objetivo ou ficou aquém dele.

Foi com base na tendência para medida referenciada em critérios que o Regimento Comum das Escolas Estaduais de 1.º Grau (Decreto 10623/77) estabeleceu uma escala de conceitos para diferentes graus de desempenho, em termos de objetivos alcançados. Esses conceitos são expressos em menções correspondentes. O critério para avaliar é ditado pela consecução dos objetivos. Assim, o quadro contido no artigo 77 do Regimento (apresentado a seguir) expõe os conceitos, as menções correspondentes e a definição operacional, em termos de se ter ou não atingido os objetivos propostos.

Correlação entre conceitos–menções–definição operacional*

CONCEITOS	MENÇÕES	DEFINIÇÃO OPERACIONAL
EXCELENTE	A	O aluno atingiu plenamente todos os objetivos
BOM	B	O aluno atingiu todos os objetivos
SATISFATÓRIO	C	O aluno atingiu os objetivos essenciais
SOFRÍVEL	D	O aluno atingiu parte dos objetivos essenciais
INSATISFATÓRIO	E	O aluno não atingiu os objetivos essenciais

* *Fonte:* Regimento Comum das Escolas Estaduais de 1.º Grau, 1977.

Por essa escala, o professor deveria atribuir menções (A, B, C, D, E) que expressam um conceito correspondente ao rendimento do aluno: excelente, bom, satisfatório, sofrível e insatisfatório. Esses conceitos estão ligados a definições operacionais: é considerado ótimo o aluno que atingiu plenamente todos os objetivos testados. Em análise sobre o texto legal, CARCHEDI (1981) justifica a substituição da nota pela menção como reflexo de uma intenção de avaliação qualitativa, que deve ser expressa em uma apreciação também qualitativa. Esse sistema já havia sido implantado na rede pública de ensino em 1976, com a Resolução 134/76, mais tarde incorporada ao Regime Comum das Escolas Estaduais de 1.º Grau, em 1977.

A mudança de uma expressão numérica para a menção parece não ter sido absorvida até hoje, na realidade da sala de aula. Os professores confessam ter dificuldades na atribuição da menção, bem como em se desvincular de uma escala quantitativa ou numérica.

1. Nota ou conceito

A questão que mais desperta dúvida no professor é "como atribuir menções" expressando um julgamento sobre o desempenho do aluno. Grande parte deles advoga o retorno da nota, com variada argumentação. Um dos argumentos mais freqüentes em favor da nota é sua objetividade, conseqüência da quantificação. A quantidade é palpável, o que a torna mais aceitável pelo aluno, sem discussões em torno disso. Esse argumento leva à reflexão sobre a função da escola. A simples aceitação por parte do aluno é característica de uma pedagogia que promove a domesticação em vez da humanização. A menção, por sua natureza, requer retorno ao aluno, explicações e justificativas, bem como um trabalho de qualificá-lo. Isso porque uma avaliação de objetivos é mais um ponto de partida no trabalho pedagógico do que um ponto de chegada. Uma vez levantados os objetivos que não foram alcançados, eles devem ser retrabalhados, até um resultado satisfatório. É isso que garante pré-requisitos, condições mínimas para a continuidade. Como o professor trabalha a avaliação, e conseqüentemente a atribuição de menções, como finalização do processo, não se dispõe a discutir ou dialogar no sentido de apontar caminhos. Interessa muito mais finalizar esse assunto sem conflitos. A nota, na configuração dos professores, exerce bem essa função de não gerar conflitos, pois o quantitativo por si só demonstra a razão de quem o atribui.

> *"A nota é mais objetiva, dá mais segurança e não deixa dúvidas aos alunos."*
> *"O aluno concorda mais com o número, ele é mais fácil de se entender."*
> *"Não há discussão com a nota."*

A falta de objetividade traz insegurança ao professor, a qual advém principalmente do fato de não ter assimilado, convenientemente, a sistemática de atribuição de menções. Por não dominar o aspecto teórico, a prática do professor é prejudicada. As menções são atribuídas de modo indevido, com critérios próprios de cada professor, sem referência legal.

> *"O professor é inseguro na atribuição do conceito, porque não é objetivo."*

O hábito de fragmentar a nota dificulta bastante a atribuição de menções. Com as notas, o professor tem uma escala de zero a 10, ou seja, onze formas de traduzir o rendimento. Entretanto, parece que a precisão matemática permeia a idéia da medida justa, o que faz o professor recorrer a números fracionários, muitas vezes além dos décimos, chegando aos centésimos. A escala de menções, representada por cinco variações, parece não corresponder à extensão do fracionamento.

> *"O conceito é simplista e muito geral; tem de haver conceitos intermediários."*

O caráter autoritário da avaliação não vem do fato de ser ela expressa em menções ou números. Vem do próprio modelo social do qual a escola faz parte e de suas expectativas. O professor, mesmo que de modo inconsciente, se insere nessa sociedade autoritária e representa o poder na sala de aula. Muitas vezes essa situação é conflitiva para o próprio agente, no caso o professor, que tenta encontrar explicações para isso. Ao tomar consciência da desigualdade que a escola promove, a professora atribui a culpa ao sistema ou a coisas que independem dela.

"Tenho muito medo de ser injusta com o aluno; a nota é mais justa."

Além de passar a responsabilidade para outras instâncias, como o sistema ou a legislação que assim determinam, a professora se defende alegando também o prejuízo do aluno.

"O aluno quer saber quanto vale a questão; no conceito, isso é levado 'no tapa'. É injusto, é julgamento pessoal."

A saída encontrada para essa situação problemática configurada pela atribuição da menção foi conservar a escala numérica e fazer uma correlação com a escala de menções. A escala numérica, o referencial quantitativo, é o critério mais usado na correção de instrumentos de avaliação.

Gráfico 15 – Escala usada para correção de provas

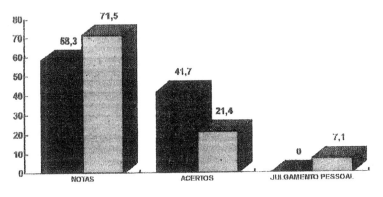

A categoria "escala de notas" agrupa as respostas de professores que relataram sua forma de corrigir e atribuir menções, passando pela quantificação ou atribuição de nota e posterior transformação em conceito e menção. Essa transformação depende do critério de cada professor para estabelecer a correspondência entre menções e números. Isso resulta em escalas tão diversas quanto o número de professores. Alguns usavam escala numérica de 1 a 5, correspondendo cada nota a uma menção entre A e E. Outros utilizavam escalas de 1 a 10 e outros, ainda, de zero a 10, com as mais diferentes combinações para cada menção. Alguns alegaram que para se atribuir a menção "A" é necessário ter nota 10, outros atribuíam a mesma menção a notas entre 9 e 10. Nesse grupo de professores, o que se percebe como regra é que a menção A possuía poucos correspondentes numéricos; o mesmo ocorreu com a menção E, que caracteriza o menor rendimento. A menção C parecia caracterizar a metade da escala, correspondente à nota 5; no máximo havia uma variação de dois pontos, entre 4 e 6, mas na maioria dos casos foi entendida como correspondente às notas contidas na escala de 5 a 6.

Assim, na equivalência nota–menção, a maior dificuldade parece estar na conceituação das menções B e D, às quais sobra uma abertura maior de notas. Por exemplo, se a menção E se refere às notas entre zero e 2, a C entre 5 e 6 e a A entre 9 e 10, cabe à menção D uma amplitude que varia entre 2,1 e 4,9; da mesma forma, a menção B corresponde a uma amplitude entre 6,1 e 8,9. Essas menções parecem ter, para o professor, uma configuração imprecisa, pelas próprias conceituações que as notas assumem: os professores consideraram essenciais as diferenças entre um aluno que obtém nota 2,5, considerada baixa, e 4,9, próxima da mediana 5, considerada "rendimento médio" ou menção C. Atribuir D a um aluno com 4,5 ou mais é injusto, na visão dos professores, por estar ele muito mais próximo da menção C. Assim, foi sendo acionado o conceito dado à participação do aluno, o crédito, como forma de ratificar o conceito C já incorporado ao julgamento do professor com relação a esse aluno. Vão surgindo, no registro do professor, os sinais + e – acrescidos às menções. A menção D+ significava que o aluno estava com um rendimento abaixo do desejável, mas mais próximo de C do que de D, ou que havia possibilidade, diante das outras anotações, de se atribuir uma menção final C como média. O sinal aritmético sinalizava já para a tendência do julgamento do professor. Por mais que se quisesse ser objetivo na atribuição de notas, o que se percebe é que numa relação humana, como é a avaliação, é impossível evitar a subjetividade do julgamento, mesmo porque ela já está presente na seleção de conteúdos e nas questões de avaliação, que expressam o que é significativo para o professor. As escalas de transformação de notas em menção também traduzem subjetividade, uma vez que variam de um professor para outro e não traduzem categorias regimentais.

A outra categoria usada pelos professores para a correção e atribuição de menções foi a escala de acertos. Foi estabelecida uma correlação entre as menções e o número de acertos da prova ou qualquer outro instrumento, um critério tão quantitativo quanto o primeiro, só que sem contar com a intermediação da nota. Assim, somando as duas categorias, pode-se afirmar que 96,2% dos professores utilizavam critérios puramente quantitativos. Não é importante "o que" o aluno sabe, mas "quanto" sabe daquilo que foi ministrado.

A discussão da avaliação por nota ou por conceito, em realidade, é inócua, porque as duas não guardam diferenças fundamentais quanto ao modelo de ensino–aprendizagem. Os mesmos pressupostos sustentam os dois sistemas, que, política e socialmente, têm iguais conseqüências. A responsabilidade sobre o resultado obtido é totalmente atribuída ao aluno, e não ao ensino ou ao sistema. Em realidade, mudar a questão da avaliação implica toda uma mudança teórico-metodológica e prática no modelo de aquisição do conhecimento. No modelo atual, o conhecimento é concebido como pronto e acabado, só restando ao aprendiz assimilá-lo tal como se apresenta e reproduzi-lo. Por isso o erro é atribuído somente ao aluno que não o reproduz fielmente, como se fosse possível observar apenas uma parte do processo – a aprendizagem –, ignorando a outra – o ensino – com a qual ela mantém uma relação dialética e de transformação.

"Essa avaliação, baseada em métodos empírico-analíticos, reduz o processo ensino–aprendizagem, que é dual, a um dos pólos da relação – a aprendizagem –, além de reduzir o processo de aprendizagem ao aparente e superficial. [...] dá-se à parte o valor de totalidade, generalizando a partir de um dos aspectos observados da realidade." (Garcia, 1986: 12)

O aspecto observado, que significará o total do processo, se dá em momentos de observação, o que torna mais falso o dado obtido. É captada a aparência de um fenômeno que, em realidade, depende de um contexto de relações, seja entre pessoas, entre instituições ou entre formas de organização. Garcia aponta como integrantes desse contexto intrincado

"a relação entre a escola e o sistema oficial de ensino, a relação entre a escola e as famílias, a relação entre a escola e a comunidade, a relação direção/ especialistas/professores/pessoal subalterno, as formas de organização física e administrativa da escola, o planejamento, os conteúdos, as metodologias, os livros-texto, as formas de avaliar" (1986: 12).

A questão do conceito ou menção agrava a situação do professor no momento de sua aplicação, não porque traga em si características de um modelo teórico que modifica o existente, mas por um problema bastante técnico: a falta de conhecimento, pelo professor, do sistema que utiliza. Esse fato foi comprovado em todo o acompanhamento do ato pedagógico de avaliar, desde o planejamento até o registro de uma média bimestral, exigência administrativa do sistema estadual.

2. Outra questão: a média

Os artigos 77 e 78 do Regimento Comum apontam os conceitos como forma de registro que corresponda à síntese bimestral de resultados de avaliação do rendimento escolar. Se apenas a síntese bimestral ou o chamado "conceito final" é exigido sob essa forma, nada impede que o professor atribua notas às mensurações realizadas ou se utilize delas para anotações sobre o rendimento do aluno. A própria natureza dos instrumentos, como medidas, torna difícil seu julgamento em menções, que exigem uma história do aluno para uma avaliação da qualidade.

A exigência nas escolas é que toda mensuração seja corrigida e avaliada com menções. Se o uso de menções já oferece dificuldades aos professores, a anotação de diferentes menções ao longo do bimestre vem trazer mais um problema: a menção final. Entendida no Regimento como síntese, entre os professores a idéia da média é a de um conceito único que resume o rendimento de todo o período. Se essa prática é comum nas escolas, a utilização de conceitos e menções não comporta, evidentemente, o uso da média aritmética do ponto de vista teórico. Se a média nem sempre corresponde ao real, a média entre conceitos parece que se desvia mais da realidade, porque em cada um deles é feita aproximação. Cada um dos elementos não corresponde ao que é definido legalmente; a média entre eles passa a ser não confiável, porque não corresponde ao rendimento real do aluno.

Gráfico 16 – Critérios de média para a atribuição da síntese bimestral

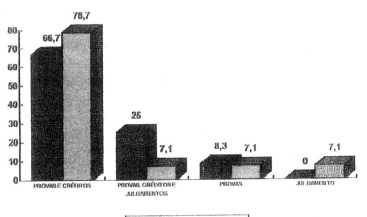

Além de muitas vezes não representar a realidade, a média entre conceitos não pode ser exata do ponto de vista matemático, tal como entenderam os professores que utilizavam esse critério. A "média exata" entre um conceito B e outro D seria uma síntese C, no entendimento deles. Isso não é possível, porque a menção expressa qualidade e não supõe média. Entre um C e um D, não há conceito intermediário; daí o uso dos créditos, que acertam esse cálculo. Pelo Gráfico 16, 88,5% dos professores entrevistados utilizavam o crédito como forma de acertar a média.

Percebe-se claramente, nessa questão, a função dada à avaliação. Ela é um momento estanque do processo, voltada por completo para a classificação, com aspectos claramente administrativos e burocráticos, e não pedagógicos.

MARIN observa o desencontro entre os professores com relação às regras para atribuição de conceito final de avaliação. Entretanto, o ponto comum é o trabalho em função da avaliação, considerada por si mesma e não como fase diagnóstica do ensino.

> *"De todo modo, o resultado final foi muito mais de somatório de conceitos, desconectados quanto a qualquer outro significado além do numérico, sempre dentro de um clima de incerteza e relatividade, um verdadeiro 'dar de ombros' ao processo da avaliação em si, ao mesmo tempo que um processo centrado na avaliação e no julgamento."* (MARIN, 1990: 153)

Nos conselhos de classe, realizados após a atribuição das sínteses bimestrais, e não durante o processo de ensino–aprendizagem, as discussões que os professores e a direção realizam giram em torno da informação de resultados obtidos pelo aluno, dos possíveis acertos internos a ser realizados e dos aspectos burocráticos de que se reveste a avaliação. As causas apontadas para o fracasso recaem sobre o aluno, uma vez que a avaliação se refere à aprendizagem. A melhoria da escola, conseqüentemente, fica entendida como dependente dos alunos e de sua predisposição para estudar e aprender o que lhes é transmitido como verdade. A escola reforça, assim, o fracasso escolar como fracasso do aluno. Isso ocorre porque não se aprofunda uma discussão em torno do processo ensino–aprendizagem, que, se entendido como totalidade, resultará no fato de a escola assumir o fracasso e procurar a melhoria do ensino por meio de um projeto pedagógico adequado. Para tal, é preciso que os professores, nas discussões do conselho, superem a situação de perceber a avaliação como classificatória e a aprendizagem como reprodução do ensino. Enquanto não buscarem a superação, procurarão reforço para seus conceitos na atitude dos outros professores, mediante a troca de resultados. Enquanto a escola não aceitar que o fracasso do aluno é conseqüência da incompetência dela mesma, seja ao ministrar ensinamentos, seja ao trabalhar com os problemas surgidos, estará negando o caráter dialético da educação.

> *"Parece óbvio que se sentir anormal influi na aprendizagem de qualquer aluno. Não se sentir reconhecido acentua um 'atávico' sentimento de inferioridade. O fracasso repetido provoca medo e o esforço que não obtém resposta vai-se transformando em desinteresse, que repercute no interesse da professora, que também passa a se desinteressar pelo aluno, criando-se um círculo vicioso."* (GARCIA, 1986: 11)

A avaliação só ganhará significado diferente quando passar a contribuir para nortear a ação pedagógica. Dessa forma, ela será também aprimorada, pois, se a educação é entendida como processo ininterrupto, cada ato é refletido, o que contribui para seu aperfeiçoamento e do ato posterior, adequando-os à situação concreta. Só assim a avaliação se torna um ato político, no sentido de atuar de acordo com a realidade de cada escola e de colaborar para a melhoria do processo ensino–aprendizagem.

A atribuição de menções, tal como é concebida pelos professores, é enganosa e se presta a colaborar com a ausência de um redirecionamento na aprendizagem dos alunos. Um aluno que tira D em um instrumento e B em outro vem com menção C no registro final, quando, em realidade, a menção C não o retrata. A menção C corresponde à aprendizagem mínima exigida para a continuidade do processo. Um aluno com um D e um B, em realidade, apresenta rendimento sofrível em uma situação e bom na segunda. No entanto, a menção C corresponde a um rendimento satisfatório, que não é o caso do aluno em nenhuma situação. Se os conteúdos avaliados pelos dois instrumentos em questão são diferentes, o aluno continua deficitário no primeiro e necessita aprendê-lo adequadamente, o que a menção C mascara. Se o conteúdo avaliado é o mesmo, o aluno superou o estado de carência cognitiva, chegando a uma menção que traduz a aprendizagem correspondente a todos os objetivos propostos. Nesse caso, o aluno terá o conceito rebaixado, como castigo por não ter aprendido o suficiente ou não ter estudado na primeira situação. Além de classificatória, a avaliação ganha a conotação de controle, na medida em que o conceito final retrata a trajetória do aluno: não apaga nenhum resultado anterior, mesmo que tenha sido superado adequadamente pelo aluno. Não dá margem a questionamentos sobre a qualidade do ensino, uma vez que pretende avaliar o aluno.

Segundo LUCKESI (1990),

"para que essa média possa ocorrer, o professor terá de planejar o que é o mínimo necessário e trabalhar com seus alunos para que todos atinjam esse mínimo" (p. 79).

Isso supõe uma constante investigação sobre as causas do sucesso ou do fracasso escolar e, a partir daí, o estabelecimento de estratégias que levem em conta essa situação. Supõe o respaldo de uma teoria de ensino–aprendizagem e, mais amplamente, de uma teoria do conhecimento, possibilitando a interferência no processo.

Supõe, ainda, uma visão clara do todo cognoscível em cada disciplina, para se estabelecer o mínimo necessário. Esse mínimo é constituído de conhecimentos, hábitos e habilidades que possibilitam ao aluno o prosseguimento dos estudos, dentro de seu potencial de desenvolvimento. Apesar de estabelecido o mínimo em cada disciplina, isso não pode estar sujeito a um critério individual de cada professor. Antes, depende de um projeto único, articulado com a realidade da escola.

Essa articulação nem sempre tem sido entendida como o atendimento adequado às necessidades, carências e realidade social da clientela. Tem sido usada como um conceito distorcido de se adequar o nível de exigência ao nível da clientela. Duas formas de distorção podem ocorrer quando se trata de estabelecer o nível de exigência para os mínimos necessários. A primeira é o nivelamento por cima: o melhor aluno, a melhor turma constituem padrão. Os demais são avaliados em função do que lhes falta para atingir esse padrão. O critério passa a ser referenciado em norma, que é a exceção, por se referir à menor parte da clientela. A outra forma de distorção do mínimo necessário é o rebaixamento do padrão, considerando que o aluno de classe popular apresenta dificuldades de aprendizagem por carências das mais diferentes naturezas. As conseqüências no currículo são o esvaziamento e o empobrecimento; na avaliação, o exigido passa a ser mais superficial, menos extenso e profundo, com critérios mais "frouxos". Esse fato foi observado nas duas escolas, a partir da diferença apontada entre os períodos. O período que apresenta melhores condições de aprendizagem tem como critério o padrão de excelência; o outro período, no qual são agrupados alunos com variados problemas, que os torna diferenciados do ponto de vista da aprendizagem, é avaliado com base em padrão abaixo do mínimo exigido no período que apresenta melhor padrão. Isso ocorre nas duas escolas: numa, o período da tarde é descrito como carente, na outra, o período noturno.

De acordo com o Regimento, o mínimo exigido para continuidade é a menção C, que corresponde ao aluno que conseguiu atingir os objetivos essenciais propostos no projeto de ensino. Esses objetivos essenciais são assim denominados por se fazer necessários à aprendizagem posterior. É com base no cumprimento dos objetivos essenciais da disciplina que se deve estabelecer o mínimo necessário.

3. O mínimo necessário em nossas escolas

Para retratar, portanto, a exigência mínima de rendimento para a continuidade, o mais aproximado para os professores é a configuração da menção C. A menção C, do ponto de vista legal, constitui o mínimo que um aluno deve atingir para ser aprovado ou considerado "satisfatório". Os critérios para a atribuição da menção C podem fundamentar a compreensão do mínimo necessário na conceituação dos professores.

Gráfico 17 — Critérios de aprendizagem do aluno para o mínimo essencial ou menção C (quantidade ou qualidade)

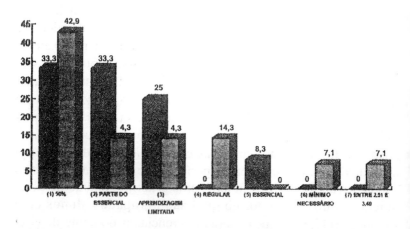

Esse quadro de respostas merece atenção, por categorizar os valores inerentes aos professores. Esses valores afloraram com a resposta à questão, pressupondo-se serem eles os subjacentes ao julgamento e classificação dos alunos. A categoria que obteve mais respostas é claramente quantitativa: o critério mínimo para aprovação é ter aprendido metade do exigido.

A defasagem conceptual entre os professores e o Regimento aparece também nas categorias (2), (3), (4) e (7), que somadas totalizam 53,8% dos entrevistados. Essas categorias acenam com um julgamento baseado em critérios que se situam abaixo da definição operacional da menção C, cujo conceito equivale a "satisfatório" no Regimento Estadual. De acordo com a definição operacional, o aluno a quem é atribuída a menção C deve ter atingido todos os objetivos essenciais, o que lhe garante condição de continuidade e, conseqüentemente, aprovação no sistema classificatório e seriado de nossas escolas. Apenas as categorias (5) e (6) guardam articulação com a definição do Regimento, totalizando 7,6% dos entrevistados quando somadas. Um professor respondeu que o critério para um aluno ter menção C é aprender o essencial; outro identificou o mínimo necessário como condição para obtenção da menção C, que equivale ao que o Regimento denomina "objetivos essenciais".

A categoria (2) indica que o aluno deveria aprender parte do essencial, reduzindo a condição proposta regimentalmente; a categoria (3) indica que obtém menção C o aluno que apresenta dificuldades ou limitações no processo de aprendizagem, o que não pode ocorrer com quem chega ao domínio do essencial em cada disciplina. A categoria (4) atribuiu conceito "regular" ao aluno típico, enquanto o Regimento atribuiu "satisfatório". Finalmente, a categoria (7), apontada por um professor que sem dúvida usava a nota como critério para posterior transformação, situa a faixa correspondente ao C entre 2,51 e 3,49, o que num critério quantitativo indica que o aluno não dominava metade do conteúdo.

A atribuição de menções sem dúvida levou a um reducionismo no julgamento, originado pelo não-entendimento da proposta regimental. Não deixa de ter certa dose de razão a afirmativa de que

"o conceito dá margem à queda de qualidade da escola. O nível caiu por isso, entre outros motivos".

Cabe acrescentar a essa afirmativa que não é o conceito que tira ou acrescenta qualidade à escola. Todavia, a forma de usar critérios de avaliação é um dos índices dessa qualidade, se analisada no conjunto do sistema. Um dos indicadores do mau uso da escala de conceitos é o desconhecimento da legislação que a regulamenta e dos aspectos teóricos que ela implica. No entanto, a mesma professora que fez a afirmação anterior afirmou também que *"não é necessário preparo para usar conceitos".*

A soma das categorias cujos dados demonstraram desconhecimento legal e teórico por parte do professor chega a 92,3%.

Pode-se afirmar, pelos dados obtidos, que a proposta regimental de uma avaliação por objetivos não foi vivenciada pela escola fundamental, por não ter assumido os critérios implícitos teoricamente. Houve, isso sim, uma deterioração do critério, usado com correspondência numérica, variável de um professor para outro, de uma unidade para outra ou dentro da própria unidade pelo mesmo professor.

"Uso escalas diferentes para classes diferentes.
Varia de acordo com a média da classe."

A escala se propõe a uma avaliação por critério, na lógica do Regimento, e a aplicação prática transfere o referencial para a média da classe, transformando-a em avaliação por norma.

Esses pontos teóricos, evidentemente, não se fazem claros ao professor; caso contrário, a contradição não seria tão evidente na prática. O que não perpassa a prática do professor é que o trabalho cotidiano de sala de aula não implica permanecer no terreno empírico. O divórcio entre teoria e prática, entre nível intelectivo e nível de execução parece estar presente numa dicotomia obrigatória e, portanto, ideologizada. Se a prática é assumida dialeticamente, ela busca fundamentos na teoria e se fortalece com ela. Por outro lado, a teoria só pode transformar-se diante dos resultados práticos. A proposta teórica de avaliação por objetivos, explícita no Regimento Estadual e tão duramente criticada pelos professores, só pode ser modificada por dados da prática pedagógica à luz dessa mesma teoria. Caso contrário, a mudança é inconsistente e sem rumos indicativos de seu percurso.

A tão sonhada escola transformadora da sociedade não pode concretizar-se sem uma relação de transformação em seu interior. É a relação dialética entre os elementos do currículo que pode iniciar um processo de superação da atual situação da escola. Sem essa superação, fica prejudicada a relação dialética escola–

sociedade: não se pode pretender, a partir de uma escola tradicional, uma sociedade progressista.

4. Valores subjacentes à avaliação

A relação escola–sociedade, se compreendida convenientemente, pode ser um dos determinantes da avaliação, desde que se refira a pessoas concretas, a situações reais, a contextos culturais definidos. Se a educação se constitui em um fenômeno cultural, a avaliação se constitui no elemento de ligação entre educação e cultura.

A cultura é composta também de valores, e todo valor é resultado da comparação entre um objeto e uma escala valorativa. Esses valores não são universais, pois ocupam posições diversas em diferentes culturas. É simplista, por outro lado, pensar o valor como algo individual: sem dúvida, está atrelado ao contexto cultural e ideológico, em situação histórica. A escola é uma das expressões da cultura de um povo e, como tal, transmite os valores aceitos pela sociedade. Com base nesses valores é que se avalia o aluno. As escalas de valores estabelecidas pelos professores, muito embora apresentando diferenças de uma para outra, guardam, em primeiro lugar, os valores próprios da cultura que a escola tenta passar, numa escala de aceitação pela sociedade. Assim, analisar a escala de valores de um sistema avaliativo escolar pode desvelar valores culturais realçados pela educação.

Segundo NILO (1989), as teorias e conceitos referentes à avaliação refletem valores que realçam as individualidades como conseqüência do contexto cultural vivido pela sociedade norte-americana, no qual a concepção científica, predominantemente "darwinista" (à seleção natural sobrevivem os mais aptos), e a concepção metafísica têm origens judaico-protestantes, aflorando o valor individual acima do social. Além disso, os conceitos de eficiência da sociedade norte-americana estão atrelados ao modelo econômico industrializado, cujo processo é decomposto em elementos, cada um devendo desempenhar seu papel da melhor forma para garantir ao final o produto completo. Essas declarações sobre os valores da sociedade americana influirão na concepção de uma educação adequada a ela e, conseqüentemente, na concepção dos procedimentos de avaliação. Como as posições teóricas que nos chegam, no terreno da educação, são em grande parte de origem americana, esse é o modelo de avaliação proposto por nossos teóricos, fundamentados na escola americana.

> *"[...] este enfoque atomístico, de caráter positivista, é o único registrado na teoria avaliativa"* (NILO, 1989: 53).

Ao se aceitar a avaliação como uma atividade educativa com vínculos estreitos com a cultura, ela deve revestir-se dos valores culturais locais. Só assim pode exercer uma função de mediação entre o papel exercido pela escola e os valores significativos da sociedade a que essa escola pretende servir.

Por isso, os modelos transplantados da teorização americana entram em choque com os valores brasileiros. Se aceitarmos que os valores, de forma ampla, são subjacentes a todo processo escolar, as práticas educativas, de modo geral, inclusive a avaliação, exigirão uma revisão dos aspectos teóricos e práticos. Isso coloca o desempenho – que normalmente é primordial na avaliação – como elemento subjugado ao valor. O valor deve ser a preocupação básica da avaliação, em função do qual é medido o desempenho. Pelo transplante do modelo norte-americano, nitidamente cientificista, a preocupação principal é com a medida, ressaltando o efeito, o desempenho. Num enfoque que venha a se preocupar com o valor – enfoque axiológico –, sem dúvida a preocupação será com os princípios e com a reflexão, pois determinar valores supõe alto grau de reflexão.

A escola brasileira pretendeu assumir teoricamente o modelo americano, mas não conseguiu instrumentalizar-se para uma mensuração de efeitos, com técnicas adequadas para se aproximar da precisão necessária a um processo mediador de avaliação. Portanto, seus resultados não são confiáveis.

Cabe mudar a forma de mediação ou retomar o ponto teórico inicial, com origem na cultura local, para uma reflexão sobre outras práticas que se fizessem mais adequadas? Parece que a resposta lógica pende mais para a segunda opção, na medida em que o fracasso escolar não reflete uma situação individual, mas, sobretudo, o estado de alienação dos professores que não reconhecem seu próprio papel no âmbito social. É ponto a ser discutido a tarefa da escola de levantar os valores aceitos pela sociedade e os que são pretendidos pela educação.

A educação visa a atingir os valores essenciais de um povo por meio dos atos de caráter técnico-administrativo da escola, que em seu conjunto determinam e são determinados por uma política educacional e social. Pode-se afirmar que a prática pedagógica é subordinada a uma ação técnico-administrativa, e que essa depende de uma política de educação e dos valores que a subsidiam.

Pode-se compreender isso pela própria análise histórica do valor que determina a ação entre os homens. A. J. SEVERINO (1992) identifica essa ação em três éticas que justificam a ação humana. O primeiro milênio de nossa era desenvolve uma ética essencialista, baseada na concepção metafísica do homem. Os valores estão vinculados à essência humana, constituída de características universais e imutáveis. A educação busca, nessa época, a atualização das qualidades inerentes à perfeição da essência. No Renascimento, bafejado pelo Iluminismo, os esforços se concentram no sentido de utilizar os recursos racionais do homem, com vistas à formação da consciência. O conhecimento passa a ser entendido não mais como inatingível, por se ligar às essências, mas limitado a sua manifestação fenomenológica. Ascende o método científico como instrumento de conhecimento e os critérios éticos passam a ser de natureza técnico-funcional. A educação é fundamentada no processo de desenvolvimento humano, dentro de suas limitações. O autor vislumbra, na aproximação do terceiro milênio, tentativas de repensar o real e a ética num sentido de totalidade, dentro de um processo histórico, no qual atuam determinantes naturais e a intervenção do homem. Resta à educação buscar caminhos para se contextualizar nessa realidade. Numa fase de reflexão sobre a redefinição do homem e da sociedade, não cabe uma prática mecanizada, sem vistas largas. Só se pode aceitar a proposta de uma prática pensada tendo como parâmetros o concreto e o cotidiano.

Segundo SEVERINO, a prática escolar peca pela sua fragmentação, contrariando o aspecto de totalidade do concreto. É exatamente nesse tipo de organização que se desenvolve uma postura autoritária em que o administrativo se sobrepõe ao pedagógico pela inversão meios–fins. São sintomas dessa fragmentação, segundo o autor, a ausência de uma atividade interdisciplinar, de uma prática pedagógica integrada e de uma articulação entre a escola e a comunidade. Esses fatores podem ser superados por um projeto educacional, que é, no entender de SEVERINO,

"o conjunto articulado de propostas e planos de ação em função de finalidades baseadas em valores previamente explicitados e assumidos" (1992: 85-86).

As propostas elaboradas pelos professores e pela totalidade da escola têm, portanto, bases em ações intencionais que irão determinar o rumo da organização do trabalho escolar. Essas ações intencionais podem traduzir-se no nível do projeto, em objetivos. As ações desempenhadas sem uma intencionalidade ou sem objetivos a que sirvam tornam-se sem significação, desarticuladas e ineficientes. A eficiência consiste exatamente em utilizar as ações apropriadas para se atingir o que se propõe. Sem um objetivo ao qual se dirija, não se pode afirmar a eficiência da ação, bem como sua significação. Faz-se algo para se atingir uma meta, um objetivo; sem este, nem mesmo se sabe por que se faz. A ação torna-se desarticulada e burocratizada, uma vez que a significação e a intencionalidade pedagógicas são ignoradas.

A avaliação, como ato pedagógico, não foge a essa análise. Não é possível avaliar realmente sem um projeto pedagógico que abranja os três elementos citados por SEVERINO. A ausência de qualquer dos elementos resulta na fragmentação.

A avaliação mantém essas características atribuídas ao trabalho escolar. Não se realiza dentro de um contexto de interdisciplinaridade. Os diferentes conteúdos se justapõem, num processo de acumulação, em vez de se juntarem harmonicamente, por integração. Cada disciplina é avaliada em separado, com um critério próprio do professor e não da escola. Como não há fins para os quais as ações pedagógicas convirjam, elas têm um fim em si mesmas. A avaliação é realizada pelo simples ato de avaliar, sem interação com outras atividades pedagógicas. O critério passa a ser próprio de cada disciplina, sem diretrizes comuns para o trabalho avaliativo.

A predominância do administrativo sobre o pedagógico causa também a fragmentação do trabalho na escola, transformando cada ato, que deveria estar atrelado ao projeto pedagógico, em ato administrativo. A avaliação não escapa: é necessário avaliar, de preferência com o uso de formas documentais, atribuir nota e estabelecer critérios para tal. Os critérios usados cumprem essa etapa administrativa, por isso são aceitos. Mas não estão cumprindo o papel que lhes cabe num projeto escolar, que é o de corrigir imperfeições ao longo do processo, para que se possa prosseguir no cumprimento do projeto.

Finalmente, é possível identificar na avaliação a desarticulação entre a vida na escola e a da comunidade. São dois universos praticamente incomunicáveis, a não ser do ponto de vista administrativo. No cumprimento de um projeto pedagógico, o que se procura é o atendimento a anseios políticos da comunidade a que ele serve. O descompromisso político da avaliação demonstra que essa ligação não existe.

5. A teoria, a prática e a lei

No nível conceitual, o que se percebe da parte dos professores é a falta de distinção entre a simples verificação e a avaliação. Isso tem como conseqüências imediatas a avaliação de desempenho, o compromisso com a nota e o julgamento descontextualizado. A avaliação de desempenho supõe o domínio do saber escolar baseado na cultura das classes dominantes. Como essa cultura é algo desvinculado do mundo da criança menos favorecida e de sua cultura de origem, a avaliação da maioria desses alunos está fadada ao fracasso. Isso não elimina o compromisso da escola no sentido de introduzir o aluno nessa cultura, mas partindo de algo significativo para ele, estabelecendo a ligação com o desconhecido. A avaliação tem por base o que é significativo para o professor, e não para o aluno. Assim, a significação da prova ou qualquer outro instrumento, para o aluno, desloca-se para a nota, que se transforma na obrigação a ser cumprida, na meta a ser alcançada. A avaliação de desempenho supõe o domínio do conhecimento transmitido pelos professores e minimiza a avaliação de capacidade, na qual se pretende um diagnóstico de estruturas construídas pela criança como condição de transformação para estruturas mais complexas. Atribuindo ao aluno a obrigação de tirar nota, o professor passa a perseguir esse objetivo: fazer com que o aluno consiga nota. Os créditos e a recuperação são, nesse contexto, encarados como trabalho extra para recuperar a nota ou conceito, e não para melhorar o nível de aprendizagem. Isso acaba sendo entendido como tratamento benevolente, para facilitar a aprovação.

Esses procedimentos são bastante simplistas, se considerarmos que a avaliação e a aprendizagem são processos complexos, em que atuam inúmeros elementos. O julgamento não pode abstrair o ser humano como aluno em determinado momento, como se outros aspectos da pessoa pudessem ser ignorados. O aspecto psicológico e social dos alunos no contexto de uma organização escolar supõe uma complexidade que não pode ser percebida de forma atomizada, mas num contexto de totalidade. Muitos dos elementos que atuam nesse contexto são impossíveis de ser controlados pela escola, mas o próprio contexto legal descreve a avaliação como um processo racional e controlável.

A legislação evidencia tendências para um modelo centrado em objetivos, tendo por base a proposta de SCRIVEN – avaliação formativa e avaliação somativa – e a revisão de BLOOM, inclusive o acréscimo da avaliação diagnóstica.

A realidade, entretanto, demonstrou uma avaliação com ênfase no conteúdo ensinado, dentro dos padrões da cultura dominante.

Os choques entre o modelo legal e a realidade são evidentes. No modelo teórico apregoado pela legislação, centrado em objetivos, a avaliação se desenvolve como processo, em função de critérios predeterminados. A realidade da avaliação em nossas escolas demonstra que ela é, antes de tudo, avaliação de produto, com característica predominantemente classificatória, pela própria organização seriada. O modelo teórico não deixa de citar dados para a classificação que a avaliação deve oferecer, ao lado dos dados para a reformulação. Parece que a realidade só considera os primeiros, pois a avaliação, tal como é realizada, não possibilita a transformação. Isso ocorre, principalmente, pela ausência de decisão em face dos resultados obtidos, que são "congelados" como desempenho ou *performance* do aluno. Essa decisão se refere a atitudes que visem à melhoria de qualidade do ensino e, conseqüentemente, do aprendido.

No nível prático, há de se considerar três participantes da "encenação" em torno da avaliação: alunos, professores e pais. Os principais envolvidos, os alunos, são muito mais interessados no resultado classificatório do que na aquisição de conhecimentos, em face da situação que lhes é apresentada. A maioria concorda com sua culpa no fracasso, o que implica a própria aceitação desse fracasso. Admitem isso sem discutir condutas ou culpas dos professores no resultado, em grande parte.

Começa aí o processo para estigmatizar o aluno que não consegue ser melhor, na visão dos professores e pais. A expectativa da escola com relação a esse aluno é que ele fracasse. O aluno, ao incorporar o estigma, acaba atendendo à expectativa, reforçando o estigma. Esse processo se estende aos pais, que passam a aceitar os filhos como incompetentes ou culpados, de alguma forma, pelo fracasso.

Essas atitudes de aceitação do estigma de fracasso por parte de alunos e pais tende a reforçar nos professores uma atitude de atribuição de culpa somente ao aluno. Qualquer ação para se eliminar da escola essa tendência é vista pelos professores como pressão de autoridades para que se aprovem os alunos ou para que não se aceitem os resultados sem maiores discussões.

A pesquisa foi realizada durante o ano letivo de 1991. Em agosto, foi publicada a Deliberação SE 3/91, complementada pela Indicação CEE 2/91 (publicada em 2/8/91). A Deliberação dispunha sobre pedidos de reconsideração e recurso referentes aos resultados finais de avaliação no sistema estadual. Mereciam atenção especial, nesse documento, a retenção em uma disciplina e a retenção na última série, independentemente do número de disciplinas. Esses casos eram passíveis de apreciação pelo supervisor da escola, que deve representar à Delegacia de Ensino qualquer irregularidade na avaliação.

Os professores, de modo geral, sentiram-se atingidos em sua suposta autonomia por um instrumento legal que pode vir a contrariar suas decisões com relação à aprovação do aluno.

Na justificativa da Indicação, o relator reafirmava a autonomia da escola que, como tal, deve ter suas ações norteadas por um plano coletivo. A autonomia se referia à escola e não ao professor. Não se negava a liberdade didático-pedagógica aos professores, desde que atuassem no sentido de convergir todos para fins comuns da escola, com base em diretrizes gerais.

A justificativa deixava claro ainda que, em casos de retenção, deveriam ser registrados explicitamente: o conteúdo não aprendido e sua relação com objetivos propostos; a importância do conteúdo como pré-requisito de aprendizagens futuras; o trabalho diversificado desenvolvido pelo professor para que a aprendizagem fosse levada a cabo. Ficava evidente que a interferência de autoridades não sediadas na escola (supervisores e delegados) deveria ocorrer em situações que evidenciassem descumprimento de normas regimentais, discriminação contra o aluno e desempenho global satisfatório do aluno, que lhe permitisse superar a defasagem apresentada.

A Deliberação SE 3/91, apesar de não ser conhecida pelos professores em sua íntegra nem por meio do texto original, se apresentava a eles, no momento vivido, como desmoralizadora do trabalho docente, pondo em dúvida sua capacidade e sua posição de avaliador. Alguns trechos colhidos em entrevistas evidenciam isso:

> *"O conceito entre as famílias é de que o Estado passa."*
> *"Ao calcular a média, se o aluno tem um C e um D, dou C, porque no recurso ele vai ganhar."*

Vale ressaltar que a maior parte das reações sentidas dessa forma ocorreram na Escola A, onde a comunidade é muito mais esclarecida e consciente de seus direitos, pela própria situação social de que usufrui. Na Escola B, onde a comunidade é predominantemente desinformada e submissa, as reações são diferentes.

"O recurso não me afeta; continuo a avaliar como sempre fiz."
"Na nossa escola não há recursos."

Na esteira do recurso, muitos professores justificaram o peso maior para a prova, como documento inviolável de incapacidade do aluno. Como essa variável surgiu no ano em que se realizava a pesquisa – o recurso é antigo na legislação, mas não da forma apresentada pela Deliberação SE 3/91 –, julgou-se conveniente acrescentar à entrevista uma questão sobre a influência de instrumentos administrativos, como o recurso, no critério de escolha de instrumentos e forma de correção, o que, conseqüentemente, seria um dos determinantes no critério de classificação. Cabe ainda dizer que em 1996 a Deliberação 3/91 foi revogada pela Deliberação 11/96, que instituiu o acompanhamento escolar com registro em fichas, que se constituem, atualmente, no principal documento de análise em casos de recurso.

Gráfico 18 – Influência de instrumentos administrativos no critério de avaliação

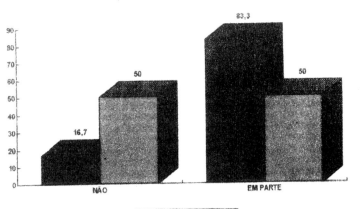

Nenhum dos entrevistados afirmou categoricamente que o fator "recurso" seja responsável pelos critérios assumidos quanto à verificação, correção e registro. Os que responderam "em parte" (segunda categoria) reconheceram nesse fator um entrave burocrático ao desenvolvimento de um trabalho de avaliação totalmente conduzido pelo professor. Alegaram que a decisão de ordem pedagógica tem origem, em grande parte, na pressão burocrática e em situações já vivenciadas pela escola.

"A clientela tem toda a retaguarda nessa hora."

Esse fato reforçou, nos professores, a necessidade de se documentarem com avaliações escritas, anotações em cadernos de alunos, comunicados aos pais, registro mais detalhado em caderneta. O número de respostas dos que consideram o recurso um dos fatores de decisão é considerável: dezessete, em um total de 26, ou 65,4%. É significativo que essa porcentagem seja muito maior na Escola A: 83,3%, contra 50% na Escola B.

Ao se tentar, informalmente, obter do professor dados concretos sobre a Deliberação SE 3/91, nenhum demonstrou segurança quanto ao seu conteúdo. Foram informados pelo diretor, ou pelo supervisor, sobre a existência de algo nesse sentido. Alguns conheciam o fato por conversas com colegas e comentaram que sabiam apenas que

"agora o recurso seria muito mais fácil do que antes para o aluno ganhar".

Como nenhum dos professores conhecia o texto legal, mas muitos se sentiam inseguros diante dele, constata-se que o professor é pouco informado sobre a legislação. O que poderia significar uma desobediência administrativa na maioria das vezes não passa de desinformação. A maior parte dos professores considerava de pouco interesse conhecer a legislação, por julgar que é assunto da esfera administrativa. Assim, o professor se aliena da realidade objetiva ou, pelo menos, de uma parte dela. Com a consciência alienada, impermeabiliza-se à realidade, o que é caracterizado pelo desconhecimento da própria alienação e a repulsa em aceitar essa acusação.

CAPÍTULO IV

A LEI, ORA A LEI...

O conhecimento de tópicos legais referentes à avaliação mostrou ser, durante todo o tempo da pesquisa, um dos aspectos mais frágeis dos professores. Conhecer a legislação de ensino deveria constituir, para o professor, um contato direto com os propósitos do Estado. É por meio dos textos legais, sua interpretação e execução que se pode afirmar uma política explícita de educação.

Tanto na questão que diz respeito diretamente ao uso da lei ou do recurso por parte do aluno, como em outras questões formuladas (número de questões, tipo de avaliação, por exemplo), o assunto legal não parece fluir espontaneamente do professor. É tratado com reserva e evasivas, caracterizando uma situação de desconhecimento. Isso surgiu como resultado da técnica da entrevista, durante a qual o professor pôde expor e analisar longamente seus sentimentos, angústias e medos, a par de momentos em que demonstrou autoritarismo e conservadorismo.

Foi com base no que se apurou nas entrelinhas de outras questões que se decidiu abordar diretamente o assunto com os professores, perceber até que ponto dominam a legislação que regulamenta seus atos ou agem intuitivamente, talvez reproduzindo o modelo social.

A legislação posta em questão para os professores foi somente o Regimento Comum das Escolas Estaduais de 1.º Grau

(Decreto 10623, de 26 de outubro de 1977). Isso porque, além de ser o documento que rege o funcionamento da escola fundamental estadual, os itens relativos à avaliação não tiveram reformulação desde sua publicação. Sofreram interpretações e foram ampliados com detalhamentos que têm surgido no sentido de clarificá-los.

A primeira questão foi incisiva sobre o conhecimento do Regimento.

Gráfico 19 – Conhecimento, pelo professor, das normas de avaliação contidas no Regimento

A soma das categorias "não conhece" e "tem dúvidas"

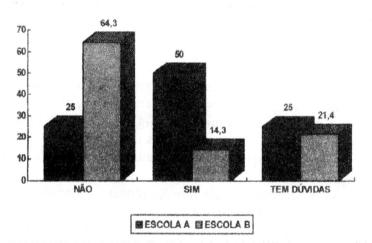

atinge 69,2%, o que significa que a maioria dos docentes trabalha com desconhecimento total ou parcial das regras da escola fundamental.

As respostas com comentários sobre a forma de avaliação levam a crer que nem mesmo os que disseram conhecer a legislação cumprem o que ela determina. O Decreto 10623/77 especifica o conceito e a definição operacional correspondentes a cada menção. Não é possível, pelo decreto, a atribuição de menção intermediária entre quaisquer das existentes, pois não há categorias intermediárias. As definições operacionais tornam claro esse fato: ao avaliar os objetivos atingidos, a primeira categoria (menção A) considera que o aluno atingiu plenamente todos os objetivos, a categoria B equivale a atingir todos os objetivos, C equivale a atingir os objetivos essenciais, D, parte dos essenciais e E, nenhum dos essenciais. Tomando como referência os objetivos, não há como atribuir menção intermediária.

Em vista da contradição entre a resposta de alguns professores sobre o conhecimento da legislação e sua aplicação, percebeu-se a necessidade de verificar com mais detalhes essa resposta. Duas hipóteses se levantam nesse caso: ou o professor não conhece a legislação suficientemente ou não aplica no cotidiano o que conhece da legislação. A forma de verificar foi pedindo aos professores que definissem, operacionalmente, as menções, tais como constam no Regimento.

Gráfico 20 – Definição operacional das menções pelos professores

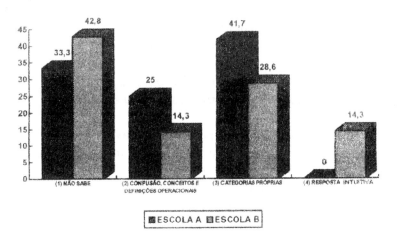

Na categoria (1) figuram os professores que afirmaram categoricamente seu desconhecimento das definições operacionais. Na pergunta anterior, três professores afirmaram desconhecer o Regimento, na Escola A; esse número sobe para quatro nesta questão. Na Escola B, nove professores afirmaram desconhecer o Regimento; nesta questão, seis ratificaram o desconhecimento, restando, portanto, três pessoas que arriscaram respostas.

Na categoria (2) estão agrupados os professores que responderam usando a escala de conceitos de modo impreciso. Ninguém conseguiu definir a escala de conceitos de modo perfeitamente correspondente às menções. Alguns confundiram conceitos e definições operacionais, afirmando que

> "a menção A corresponde a um rendimento plenamente satisfatório; B é regularmente satisfatório; C é satisfatório e D é insatisfatório. E é para o aluno que não tem rendimento".
>
> "A é para o aluno que atingiu o essencial."

A categoria (3) reuniu respostas que se constituíram em categorização que foge ao Regimento, baseada em critérios diversos.

> "B é para quem atinge o mínimo necessário; C, para quem atinge o mínimo, mas em menor quantidade."
>
> "Adoto um critério após ler todas as provas, para ter idéia da média da classe. Essa média é C."

Nessa categoria, grande parte deles usava a quantificação tomando por base o número de acertos e transformando-o em conceito. Alguns usavam a avaliação referenciada em norma (com base na média de classe).

A última categoria (4) reúne respostas de professoras que demonstravam conhecimento intuitivo da escala de julgamento proposta no Regimento. Expressando-se com palavras próprias, exprimiram idéias que correspondem à proposta regimental. Considerou-se que esse conhecimento seja intuitivo porque as duas professoras enquadradas nessa categoria afirmaram desconhecer o Regimento.

> "A é um conceito que corresponde a um aluno que assimilou tudo e acrescenta coisas a esse conhecimento; B é o aluno que é acima da média, assimilou

todo o conteúdo; o conceito C é a média, quem apren-
deu o pré-requisito para continuidade; D está abaixo
da média, não conseguiu assimilar o necessário."

O desconhecimento do texto legal nessa questão foi de
100%, muito embora algumas professoras tenham afirmado que

"*no planejamento é visto o Regimento*".

ou

"*já li, mas não sei definir os conceitos nos termos*
do Regimento".

ou, ainda,

"*não dou importância ao que está no Regimento;*
é tudo teoria, na prática tudo é diferente [...]".

O julgamento do professor é eliminado como referencial,
pois alguns consideraram que ele abala a neutralidade e a objetividade que deve existir na avaliação. Há ainda o caso de o instrumento escrito não corresponder ao rendimento do aluno, seja
acima, seja abaixo do que o professor julga correto. Como o instrumento escrito é considerado intocável, o professor não assume
julgamento pessoal.

"*Às vezes o aluno tira C, mas não sabe. Conservo*
o C, porque tenho medo de ir só pelo meu julgamento."

Em verdade, o julgamento do professor deve fundamentar-se
em diferentes dados sobre o aluno; o que torna enganoso o
conceito atribuído é o critério de seleção das questões e o critério
de correção. Além disso, o julgamento baseado num único dado
pode comprometer seu aspecto de fidedignidade. A menção
exprime julgamento e, por isso, deve fundamentar-se em diversos
instrumentos. O que não se firmou claramente para os professo-

res é o fato de que o julgamento está implícito na menção e cabe a eles assumir esse juízo.

O julgamento que as menções exprimem diversifica-se em função do cumprimento de objetivos essenciais e objetivos complementares por parte do aluno. A proposta do Regimento Estadual é uma avaliação por objetivos, distinguindo aqueles necessários para a continuidade (objetivos essenciais) dos que complementam o saber essencial (objetivos complementares). É necessário, portanto, para o cumprimento da proposta legal, que o professor tenha estabelecido claramente essa distinção no seu projeto de ensino: o que é essencial e o que é complementar.

Gráfico 21 – Distinção entre objetivos essenciais e complementares no plano de ensino

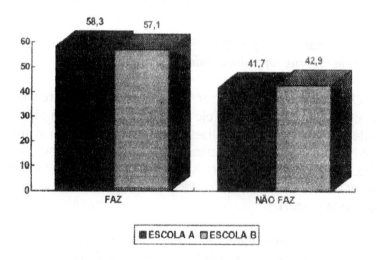

Entre os que não fazem distinção entre objetivos essenciais e complementares, quatro afirmaram só ministrar conteúdo correspondente a objetivos essenciais.

"Para mim, tudo é essencial."

Esses professores, evidentemente, não trabalhavam com as

categorias regimentais para a avaliação e atribuíam conceitos por um critério quantitativo.

"Quem acerta a maior parte da prova cumpriu os objetivos da matéria."

Além de permanecer no quantitativo como referencial de avaliação, esses professores perdiam a oportunidade de enriquecer o aprendido, que é, exatamente, o papel do objetivo complementar. O nível de expectativa sofre rebaixamento, pois o aluno que aprende o conteúdo correspondente aos objetivos essenciais obtém menção A, enquanto o Regimento propõe a esse aluno menção C.

Embora pesando sobre a avaliação por objetivos o rótulo de tecnicista, é preciso reconhecer que não se pode avaliar sem ter estabelecido objetivos. Mesmo que se faça uma avaliação de conteúdo, com critério baseado no acerto, esse conteúdo exerce o papel de mediador no cumprimento dos objetivos estabelecidos pelo professor. No objetivo a que serve é que reside a significação do conteúdo. Os objetivos norteiam qualquer projeto de escola, seu conteúdo e avaliação, e não apenas a escola tecnicista. O que se

Gráfico 22 – Como os professores avaliam objetivos essenciais e complementares

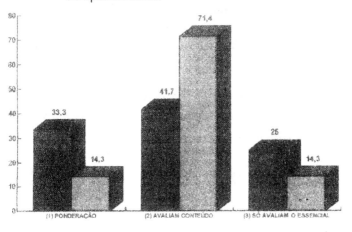

precisa é distinguir entre objetivo – que todo professor deve ter para conduzir o ensino – e formulação de objetivos de uma forma ritualizada, formal e fragmentada, que é própria do tecnicismo.

Se aceitarmos que os objetivos são imprescindíveis e que o conteúdo é selecionado em função deles, devemos atentar para o papel da avaliação, também articulada aos objetivos. Se existem objetivos essenciais e não essenciais, é preciso que se estabeleçam critérios que não desprezem essa categorização.

Os professores cujas respostas estão agrupadas na categoria (1) foram os que elaboraram questões que correspondiam a objetivos essenciais e complementares e avaliavam de modo a dar maior peso às primeiras, em qualquer instrumento. Cabe ressaltar que, de um total de seis professores nessa categoria, quatro pertenciam à área de Português.

> *"Dou valor maior a questões que considero pré-requisito."*
> *"Nunca preparo uma prova em que um aluno possa tirar C sem saber o básico para a continuidade."*

Os professores da categoria (2), apesar de distinguirem objetivos essenciais e complementares e separá-los no momento do planejamento, não avaliavam em função desses objetivos. Avaliavam o conteúdo sem fazer distinção da categoria de objetivo a que serve e, dessa forma, atribuíam igual peso às questões. É o professor que faz avaliação tipicamente quantitativa, sem atentar para a qualidade do conhecimento.

> *"Há coisas que são básicas, outras não. Mas, na avaliação, o valor é o mesmo para todas as questões. Se foi ensinado, é para o aluno aprender."*
> *"Acho que há conteúdos que são necessários para a continuidade, mas não avalio pensando nisso."*

Na categoria (3) estão professores que afirmaram usar como conteúdo dos instrumentos de avaliação apenas o que corresponde ao essencial na disciplina. Portanto, a exigência de aprendizagem ficava abaixo da proposta regimental, num visível reducionismo por parte do professor. Se um aluno atingisse o essencial, poderia tirar o conceito A. O rebaixamento do nível de exigência certamente vinha acompanhado de um rebaixamento do nível de ensino, que visava ao essencial apenas.

O que ficou evidente nas questões relativas ao conhecimento da legislação foi a insegurança por parte dos professores quanto a suas funções como avaliadores. A situação, que à primeira vista pode aparentar uma desobediência administrativa por parte do magistério, em realidade se delineia num quadro de dúvidas, desconhecimento e desinteresse pela orientação legal. Esses fatores sem dúvida atuam, entre outros, como determinantes da avaliação praticada nas escolas.

A culpa não pode ser atribuída somente aos professores, mas a todos os responsáveis pela administração do sistema educativo, que não observa o cumprimento daquilo que ele próprio estabelece. A supervisão interna ou externa da unidade, nesse momento, exerce papel de destaque, por ser da função administrativa o cumprimento da legislação escolar. Alienado desse problema, o professor assume uma rotina baseada em valores que ele estabelece, sem vinculações com um projeto geral da escola e sem compromisso com a superestrutura do ensino. Os administradores públicos, por sua vez, ao ignorar esse problema, demonstram que a educação não é prioridade a ser cumprida junto à população. Descuidam-se de uma formação permanente do professor, desperdiçando condições favoráveis à elaboração de um projeto autêntico de educação, que atenda às necessidades da clientela.

CAPÍTULO V

CONSIDERAÇÕES FINAIS

Se a avaliação for considerada um dos elementos do contexto da escola, ao qual está intimamente ligada e com o qual guarda estreita relação, percebe-se claramente que ela é apenas um sintoma da desarticulação do todo. O estudo sobre a avaliação não evidencia apenas que há erros e incoerências graves no processo avaliativo, mas em todo o processo de ensino–aprendizagem. As falhas apontadas na avaliação podem servir a uma ampliação da problemática a ser estudada e analisada.

Assim focalizado, pode-se afirmar que todo o processo que se desenvolve em nossas escolas merece uma revisão séria. O problema da avaliação, tal como se apresenta (como finalizadora do processo), é que ela assumirá todas as falhas do processo. É a avaliação que retrata o desempenho do aluno durante todo o período que corresponde a um grau esperado de desenvolvimento. O desempenho, quando negativo, pode colaborar ou talvez desencadear problemas de várias ordens para o aluno, para a família e para a escola. De uma maneira mais genuína, pode-se afirmar que muitos dos problemas de desempenho trazem implícitas questões sociais e políticas, para as quais aponta uma análise densa.

As implicações do desempenho escolar podem ser vistas especialmente sob os aspectos psicológico, social e político.

1. Implicações psicológicas

Se levarmos em conta que a fase de escolaridade obrigatória está na faixa dos seis aos dezesseis anos, já se percebe que os efeitos, quando negativos, se tornam danosos também por afetar um indivíduo desde sua infância até o pico da adolescência.

Bloom (1971) analisa essas conseqüências tomando como foco quatro aspectos: o interesse, a atitude, o autoconceito e a saúde mental. O interesse pela escola e pelos estudos está profundamente relacionado com o desempenho que o aluno tem nas tarefas de aprendizagem. Um bom desempenho sem dúvida conduz o aluno às próximas etapas com segurança e entusiasmo, e lhe dá uma percepção de sua capacidade. O inverso também ocorre: sucessivos malogros no desempenho escolar levam o aluno a uma expectativa de fracasso permanente e seu interesse pela escola carece de energia, paciência e perseverança para superar a situação.

As percepções de capacidade ou incapacidade que o aluno forma são baseadas em sua própria história escolar e em julgamentos prévios que traz sobre seu desempenho em determinadas tarefas. E não se pode negar que essas experiências são acumuladas tendo como ponto de partida seu *locus*, ou seja, o conjunto formado pela escola onde estuda, o tipo de professores que tem, a atitude da administração, a dinâmica da classe, a forma de avaliação. Esses fatores não se juntam aleatoriamente, mas guardam estreita relação entre si. A atitude dos professores tem, provavelmente, uma correlação com a forma de agir do corpo administrativo e com as formas que a escola adota para suas práticas. Nessas práticas, vem embutida uma definição de sucesso e fracasso. Não é difícil perceber que o sucesso em algumas atividades leva o aluno a aprender melhor tarefas do mesmo tipo.

O fracasso sucessivo em várias tarefas de aprendizagem pode levar a atitudes negativas do aluno com relação não só à escola que freqüenta, mas à instituição escolar. Bloom encara a atitude como algo muito mais genérico que o interesse, exatamente porque ela se estende à instituição como um todo. Esse sentimento leva à configuração da escola como fonte de penalidades e de julgamentos de insuficiência.

Enquanto o interesse e a atitude se desenvolvem com relação a um objeto exterior, paralelamente pode ocorrer a apreciação, pelo aluno, do fracasso como decorrência de si próprio, levando a uma deterioração do autoconceito. Segundo BLOOM, a relação entre o desempenho escolar e o autoconceito é muito forte e evidenciada em vários estudos.

Todos esses fatores são componentes de algo muito mais amplo: a saúde mental. Qualquer desses elementos, ou mais possivelmente o conjunto deles, que se apresente como negativo pode tornar-se um dos fatores que colaboram para a ausência de uma saúde mental integral.

O fracasso escolar, causa dos problemas descritos, não se constitui em problema específico do aluno. O alto índice de repetência e má aprendizagem dá ao problema outro enfoque. Sem adentrar as causas, que são inúmeras, e focalizando apenas o aspecto avaliativo, foco do estudo, já se têm inúmeras pistas sobre a inadequação de nossas escolas à clientela. A avaliação, como é realizada, não oferece dados confiáveis ao trabalho da escola. Volta-se para a classificação de uma forma fragmentada, não estando respaldada em um projeto detalhado.

2. Implicações sociais

Na pista dessa reflexão – deve haver ensino e aprendizagem – é que se verifica que, num processo seriamente projetado e executado de ensino e aprendizagem, não se pode avaliar apenas o produto. Ao se aceitar o conjunto – processo e produto – como algo não sujeito à fragmentação, percebe-se que a avaliação de aprendizagem deveria vir constantemente acompanhada de uma avaliação de ensino, o que não ocorre em nossas escolas, onde a administração é em essência burocrática e não existem elementos para coordenação e supervisão pedagógicas.

Um outro aspecto da escola que tem efeitos sobre o social é a formação de seus professores. A pesquisa demonstra o despreparo dos docentes, assumido por eles próprios. Essa característica diz respeito aos agentes formadores e aos próprios administradores e técnicos da Educação, que devem primar pela manutenção de uma formação permanente, se a meta for a qualidade da educação formal ministrada. A formação permanente não se faz somente com cursos de trinta horas ou seminários eventuais, mas principalmente mediante condições oferecidas à própria escola para a reflexão sobre seus problemas e suas alternativas de solução.

Essa questão, a par das atitudes que se venham a exigir dos professores, implica reformulação do papel social da escola, o que traz embutida uma política de recursos humanos e de organização do sistema.

3. Implicações políticas

Chega-se, assim, ao modelo de escola politicamente existente em contraposição ao que é desejado. Na medida da distribuição do conhecimento, tem-se a formação para a cidadania. A política educacional é um dos determinantes principais da qualidade de cidadania existente. Essa distribuição de conhecimento não subentende a aprovação em massa, como tem sido interpretado ultimamente nos meios escolares. Tal interpretação por parte dos professores e dirigentes na verdade inverte a concepção, pois a aprovação em massa sem o devido cuidado com a qualidade de processo e produto é perversa, mantendo a população em condições de "pensar que sabe" quando o saber e as condições de sua aprendizagem não foram de fato foco de preocupação séria. Essa é uma forma de fazer com que os conhecimentos científicos básicos não atinjam toda a população e que essa não tenha de fato acesso aos bens culturais. Não é dar nota para aprovar que torna o aluno detentor do conhecimento. O que pode colaborar para a identificação dos pontos de estrangulamento no processo são a avaliação constante dos métodos de aquisição do conhecimento, a retomada da forma dos métodos de ensino, das relações do aluno com a escola e das exigências da comunidade escolar e nacional. É a partir dessa identificação que se pode pensar em alternativas que visem à eliminação desses pontos para um melhor desempenho da instituição escolar.

Além de uma política educacional, isso implica uma revisão

da filosofia da educação, das formas de buscar o saber. Assumir uma filosofia de educação, pela própria definição de Filosofia, subentende uma atitude constante de busca do saber. O fato de buscar o saber confere ao indivíduo que assim procede o método de reconhecer que não tem a posse desse saber, mas que está a caminho dela. Essa caminhada exige atitudes sistemáticas, abrangentes e radicais para se chegar a um estado reflexivo.

Essa atitude reflexiva não parece acompanhar nossos professores, pelas reações demonstradas. As respostas, de modo geral, se direcionam para atitudes que não se fundamentam na reflexão e em informações das Ciências e da Filosofia da Educação, mas em hábitos, em angústias, em desconhecimento. Esses elementos dão origem a mecanismos de ordem psicológica, social e política que constituem representações da realidade, formando o pensamento ideológico do grupo.

De modo geral, percebe-se o professor agindo mais em função de sentimentos do que de reflexão. Esses sentimentos, como a piedade e o paternalismo, bem como a indiferença, podem levar a preconceitos que se desenvolvem no âmbito escolar e até à estigmatização.

Muito embora essas atitudes tenham origem no grupo docente e seu contexto social, não se pode atribuir totalmente ao professor a culpa do que ocorre na escola. Ele é apenas um elemento num complexo de relações. Sua importância para a dinâmica do processo é estratégica, por ser ele o pólo de contato com a clientela. Mas por trás do professor age toda uma trama de relações com o conhecimento, com a ciência, que são de ordem política e fazem parte de um modo de pensar a educação, constituindo a interpretação de realidade disseminada por um certo modelo de Estado. Essas representações nem sempre podem ser traduzidas pelas leis ou por outros instrumentos utilizados pelo Estado, pois muitas vezes trazem uma contradição com relação a esses instrumentos. A interpretação da realidade se faz muito mais presente na execução das coisas, e é aí que a idealização é deturpada.

Uma das reflexões que cabe ao professor aprofundar é sobre seu papel nessa política de execução da ideologia estatal. A maioria das atitudes dos professores não é analisada do ponto de vista de estar servindo a interesses particulares, e não da população. É exatamente aí que ele se torna um dos instrumentos ideológicos da educação a serviço do Estado.

É dessa forma que a avaliação presta desserviços e provoca inadequações, na medida em que se pensa em uma escola para as classes populares. Da forma como é praticada, classificando com base no desempenho individual, a avaliação dissimula a seletividade escolar como própria do sistema político e social. Usando a reprodução como elemento fundamental, visa a preparar o aluno para a sociedade como ela é, sem vistas à crítica e à transformação, desenvolvendo a aceitação pelas coisas existentes como acabadas e não passíveis de mudança. A fragmentação do conhecimento é, por si só, responsável pela concepção de avaliação de forma isolada e se perpetua por meio dessa prática.

Repensar a avaliação implica a reconceptualização da escola e da educação. Nesse sentido, cabe a análise do significado que a avaliação vem assumindo no processo educativo. Esse pode ser um ponto de partida para a discussão do projeto pedagógico vivido pelas escolas.

Um outro aspecto a se considerar é que as discussões se encerram nas questões técnicas e burocráticas. Repensar a avaliação implica superar essas questões, chegando aos fundamentos que as norteiam, e desvelar as ideologias subjacentes. É necessário, ainda, que essas reflexões sejam direcionadas pela realidade brasileira, pois só assim podem guardar compromisso entre a educação e a transformação dessa realidade.

O foco no desempenho do aluno, que é a base da avaliação, desloca-se assim para o foco na competência da escola em trabalhar com a realidade que lhe é destinada. Do ponto de vista avaliativo, esse trabalho não cessa com a avaliação da aprendizagem a serviço da classificação, mas considera-a ponto de partida para identificar causas de fracasso e sucesso e estabelecer estratégias para solucionar problemas.

Isso implica um eterno repensar, com base nos dados empíricos, tendo como características a crítica, a visão de totalidade e o alcance de fins não imediatos. É esse repensar que pode fundamentar um projeto pedagógico comprometido com a melhoria de qualidade do ensino.

Há muitos caminhos para se chegar a isso, mas a reflexão por parte dos agentes educacionais é indispensável.

ANEXO

ROTEIRO DE QUESTÕES PARA ENTREVISTA

Fase 1

1) Quantos instrumentos você costuma usar durante um bimestre para aferição do rendimento escolar?
2) De que tipo são esses instrumentos?
3) Qual o conteúdo pedido nesses instrumentos?
4) Qual desses instrumentos tem maior peso no julgamento final do aluno?
5) Você usa créditos para trabalhos extraclasse, atitudes, hábitos? Como?
6) Você usa auto-avaliação? Por quê?
7) Usa avaliação de grupo? Por quê?
8) Como é atribuído o conceito final do bimestre?
9) Qual o critério usado para correção (escala de notas, de acertos, cumprimento de objetivos, ou qualquer outro)?
10) Em que instrumento se verifica o pior desempenho dos alunos, de modo geral? E o melhor?

Fase 2

1) Como é sua escala de correspondência nota–menção ou qualquer outra que use até chegar à menção?

2) A prova é um bom instrumento de mensuração do rendimento escolar?
3) Por que você utiliza a prova?
4) Você conhece o Regimento Comum das Escolas Estaduais?
5) Por favor, diga a definição operacional que corresponde às menções A, B, C, D e E no Regimento.
6) O que você considera necessário para que um aluno obtenha menção C, ou o mínimo para ser aprovado?
7) Você estabelece objetivos no seu projeto de ensino?
8) Diferencia objetivos essenciais e complementares?
9) Na avaliação, considera que alguns objetivos são essenciais e outros não? Como?
10) A existência de normas legais, que regulamentam o recurso por parte do aluno, exerce alguma influência sobre seu critério de avaliação?
11) Conhece a Deliberação SE 3/91?

BIBLIOGRAFIA

ALTHUSSER, Louis. *Ideologia e aparelhos ideológicos do Estado*. São Paulo, Martins Fontes, s.d.

ANDRÉ, Marli E. D. A. "A abordagem etnográfica: uma nova perspectiva na avaliação educacional". *Tecnologia Educacional*. São Paulo, ABT, 7 (24): 9-12, set.-out., 1978.

_____. "Avaliação em educação: quantitativa ou qualitativa?". Ufes, Programa de Pós-Graduação em Educação. *In: Avaliação educacional: necessidades e tendências*. Vitória, PPGE/Ufes, 1984.

_____. "A avaliação da escola e a avaliação na escola". *Cadernos de Pesquisa*. São Paulo, (73): 68-70, ago., 1990.

ARROYO, Miguel (org.). *Da escola carente à escola possível*. São Paulo, Loyola, 1986.

BLOOM, Benjamin S. "Mastery learning". *In*: BLOCK, J. H. (ed.); *Mastery learning: theory and practice*. Holt, Rinehart and Winston, 1971, 47-63.

_____. "Affective consequences of school achievement". *In*: BLOCK, J. H. (ed.); *Mastery learning: theory and practice*. Holt, Rinehart and Winston, 1971, 13-28.

BLOOM, Benjamin S. *et alii*. *Manual de avaliação formativa e somativa do aprendizado escolar*. São Paulo, Pioneira, 1983.

BORDENAVE, Juan Dias. "Como avaliar a aprendizagem". *In*: Idem; *Estratégias do ensino–aprendizagem*. 7.ª ed., Petrópolis, Vozes, 1985, pp. 267-302.

BOURDIEU, Pierre, e PASSERON, Jean-Claude. *A reprodução: elementos para uma teoria do sistema de ensino*. Rio de Janeiro, Francisco Alves, 1975.

BRADFIELD, James M. *et alii. Medidas e testes em educação*. Rio de Janeiro, Fundo de Cultura, 1964.

BRANDÃO, Carlos R. *A questão política da educação popular*. São Paulo, Brasiliense, 1980.

————. *A educação como cultura*. São Paulo, Brasiliense, 1985.

BRASIL (1961) Lei 4024/61 de Diretrizes e Bases da Educação Nacional.

————. (1971) Lei 5692/71.

————. (1962) Parecer CFE 102/62.

————. (1996) Lei 9344/96. Diretrizes e Bases da Educação Nacional.

BRITO, M. S. T. "Avaliação da aprendizagem: a prática da avaliação decorrente dos principais modelos de ensino". *Ensino e Seleção*. (9): 17-26, 1984.

CARCHEDI, Delma C. "Da verificação do rendimento escolar". *In*: SÃO PAULO, Governo do Estado de. *Avaliação do desempenho do aluno*. São Paulo, Secretaria da Educação, 1981, pp. 51-63.

CHAUÍ, Marilena de S. "Ideologia e educação". *Educação e Sociedade*. São Paulo, Cortez, 2 (5): 24-40, jan., 1980.

————. *O que é ideologia*. 13.ª ed., São Paulo, Brasiliense, 1983.

CUNHA, Luiz Antonio. *Educação e desenvolvimento social no Brasil*. Rio de Janeiro, Francisco Alves, 1975.

CURY, Carlos R. J. *Educação e contradição*. São Paulo, Cortez, 1985.

DEMO, Pedro. *Avaliação qualitativa*. 2.ª ed., São Paulo, Cortez, 1988.

DEPRESBITERIS, Léa. *O desafio da avaliação da aprendizagem: dos fundamentos a uma proposta inovadora*. São Paulo, EPU, 1989.

DIAS DA SILVA, M. H. G. F. *O professor como sujeito do fazer docente: a prática pedagógica nas 5ªˢ séries* (tese de doutorado). São Paulo, Faculdade de Educação da USP, 1992.

DI DIO Renato A. "O tripé da avaliação". SÃO PAULO, Governo do Estado de. *Avaliação do desempenho do aluno*. São Paulo, Secretaria da Educação, 1981, pp. 33-38.

DOMINGUES, José Luiz. *O cotidiano da escola: sonho e realidade*. (tese de doutorado). São Paulo, PUC, 1986, mimeo.

ENGUITA, Mariano F. *A face oculta da escola*. Porto Alegre, Artes Médicas, 1989.

ETGES, Norberto. "Sociologia da avaliação". *In*: UFRGS/ Prograd/Pades. *Avaliação da aprendizagem: enfoques teóricos*. Porto Alegre, Universidade, 1983, pp. 45-58.

FAZENDA, Ivani (org.). *Metodologia da pesquisa educacional*. São Paulo, Cortez, 1989.

FRANCO, Maria Laura P. B. "Pressupostos epistemológicos da avaliação educacional". *Cadernos de Pesquisa*, São Paulo, Fundação Carlos Chagas, (74): 63-67, ago., 1990.

FREITAG, Bárbara. *Escola, Estado e sociedade*. São Paulo, Moraes, 1979.

FUNDAÇÃO GETÚLIO VARGAS. *Testes e medidas em educação*. Rio de Janeiro, FGV, 1970.

GADOTTI, Moacir. *Concepção dialética da educação*. São Paulo, Cortez, 1983.

GARCIA, Regina L. "Um currículo a favor dos alunos das classes populares". *In*: SÃO PAULO, Secretaria da Educação do Estado de. *Superando a dicotomia administrativo–pedagógica*, São Paulo, SE/CENP, 1986, pp. 9-13.

GATTI, Bernadete. *Avaliação em sala de aula*. São Paulo, CENP, 1977.

GEERTZ, Clifford. *A interpretação das culturas*. Rio de Janeiro, Editora Guanabara, 1989.

GIMENO, José S. "El curriculum evaluado". *In*: *El curriculum: una reflexión sobre la practica*. Madri, Ediciones Morata, 1988.

GIORDANI, Angela M. M. *et alii*. "Repensando a avaliação do processo ensino–aprendizagem". *AMAE Educando*, Belo Horizonte, 20 (189): 2-6, ago., 1987.

GIROUX, Henry. *Pedagogia radical*. São Paulo, Cortez, 1983.

_____. *Teoria crítica e resistência em educação: para além das teorias de reprodução*. Petrópolis, Vozes, 1986.

GOLDBERG, Maria Amélia, e SOUZA, Clarilza P. de. *A prática da avaliação*. São Paulo, Cortez, 1979.

GOLDSTEIN, M. S. *A exclusão da escola de 1.º grau: a perspectiva dos excluídos*. São Paulo, FCC, 1986.

GRONLUND, Norman E. *A elaboração de testes de aproveitamento escolar*. São Paulo, EPU, 1974.

KENSKI, Vani M. "Avaliação da aprendizagem". *In*: VEIGA, I. P. A. *et alii.*, *Repensando a didática*. Campinas, Papirus, 1988, pp. 131-144.

KOSIK, Karel. *Dialética do concreto*. 2.ª ed., Rio de Janeiro, Paz e Terra, 1976.

LAFOURCADE, Pedro D. *Evaluación de los aprendizages*. Buenos Aires, Kapelusz, 1969.

LATERZA, Luis B. de Mello. "Avaliação e o sistema educacional". *Educação e Avaliação*, São Paulo, Cortez, 1 (1): 62-68, jul., 1980.

LIBÂNEO, José Carlos. *Democratização da escola fundamental: a pedagogia crítico-social dos conteúdos*. São Paulo, Loyola, 1984.

LINDEMAN, Richard. *Medidas educacionais*. 6.ª ed., Rio de Janeiro, Globo, 1987.

LÖWY, Michael. *Ideologias e ciência social: elementos para uma análise marxista*. 5.ª ed., São Paulo, Cortez, 1989.

LUCK, Heloisa, e CARNEIRO, Dorothy G. *Desenvolvimento afetivo na escola: promoção, medida e avaliação*. Petrópolis, Vozes, 1983.

LUCKESI, Cipriano C. "Avaliação educacional: pressupostos conceituais". *Tecnologia Educacional*, Rio de Janeiro, ABT, 7 (24): 5-8, set.-out., 1978.

_____. "Avaliação educacional escolar: para além do autoritarismo". *AMAE Educando*, Belo Horizonte, 18 (171): 9-16, mai., 1985.

_____. "Verificação ou avaliação: o que pratica a escola?". *In*: CUNHA, Maria Cristina A. A. *et alii* (org.), *A construção do projeto de ensino e a avaliação*, São Paulo, FDE (Série

Idéias: n. 8), 1990, pp. 71-80.

LÜDKE, Menga, e ANDRÉ, Marli E. D. A. *Pesquisa em educação: abordagens qualitativas*. São Paulo, EPU, 1986.

MAGER, Robert. *Medindo os objetivos de ensino*. Porto Alegre, Globo, 1977.

MANACORDA, Mario A. *Marx e a pedagogia moderna*. Lisboa, Iniciativas, 1975.

MARAGLIANO, Roberto *et alii*. *Teoria da didática*. São Paulo, Cortez, 1986.

MARIN, Alda J. *Trabalho docente: perspectivas, modelos e anotações em torno do tema*. (tese de livre-docência). Araraquara, Faculdade de Ciências e Letras, 1990.

MARTINS, Pura Lúcia O. *Didática teórica/didática prática. Para além do confronto*. São Paulo, Loyola, 1989.

MARX, Karl, e ENGELS, Friedrich. *Crítica da educação e do ensino*. Lisboa, Moraes, 1978.

MEDEIROS, Ethel B. *As provas objetivas: técnicas de construção*. Rio de Janeiro, Fundação Carlos Chagas, 1971.

MEDIANO, Zélia D. "Avaliação da aprendizagem na escola fundamental". *Educação e Seleção*. São Paulo, Fundação Carlos Chagas, (16): 11-20, jul.-dez., 1987.

_____. "O professor e o supervisor ante a avaliação da aprendizagem". *In*: CUNHA, Maria Cristina A. A. *et alii*. (org.). *A construção do projeto de ensino e a avaliação*, São Paulo, FDE (Série Idéias: n. 8), 1990, pp. 81-93.

MELLO, Guiomar N. de. "Fatores intra-escolares como mecanismo de seletividade no ensino de 1.º grau." *Educação e Sociedade*. (2): 70-78, jan., 1979.

_____. *Educação escolar: paixão, pensamento e prática*. São Paulo, Cortez, 1987.

_____. *Magistério de 1.º grau: da competência técnica ao compromisso político*. 9.ª ed., São Paulo, Cortez, 1988.

NIDELCOFF, Maria Teresa. *Uma escola para o povo*. São Paulo, Brasiliense, 1975.

NILO, Sérgio U. "O desafio da América Latina à teoria e prática da avaliação." *In*: GOLDBERG, M. A., e SOUZA, C. P. de (org.). *Avaliação de programas educacionais: vicissitudes, controvérsias, desafios.* São Paulo, EPU, 1989, pp. 52-55.

NOGUEIRA, Oracy. *Pesquisa social: introdução às suas técnicas.* 3.ª ed., São Paulo, Nacional, 1975.

NOLL, Victor H. *Introdução às medidas educacionais.* São Paulo, Pioneira, 1975.

PATTO, Maria Helena S. *A produção do fracasso escolar.* São Paulo, T. A. Queiroz, 1991.

PENIN, Sônia. *Cotidiano e escola.* São Paulo, Cortez, 1989.

POPHAM, William James. *Como avaliar o ensino.* Porto Alegre, Globo, 1976.

————. *Avaliação educacional.* Porto Alegre, Globo, 1983.

RASCHE, Vânia M. M. "Aspectos psicológicos da avaliação". UFRGS/Prograd/Pades. *In: Avaliação da aprendizagem: enfoques teóricos.* Porto Alegre, Universidade, 1983.

————. "Fracasso escolar: avaliação e perspectiva". *In: Avaliação educacional: necessidades e tendências.* Vitória, Ufes, 1984.

RIOS, Terezinha A. "A importância dos conteúdos socioculturais no processo avaliativo". *In:* CUNHA, Maria Cristina A. A. *et alii* (org.). *A construção do projeto de ensino e a avaliação.* São Paulo, FDE (Série Idéias, n. 8), 1990, pp. 37-43.

ROCKWELL, Elsie. "Etnografia e teoria na pesquisa educacional". *In:* EZPELETA, J., e ROCKWELL, E. *Pesquisa participante.* São Paulo, Cortez, 1986.

RODRIGUES, Neidson. "Renovação da prática educativa e planejamento curricular" *In:* SÃO PAULO, Secretaria da Educação do Estado de. *Superando a dicotomia administrativo–pedagógica.* São Paulo, SE/CENP, 1986, pp. 61-72.

SÃO PAULO, Governo do Estado de. Regimento Comum das Escolas Estaduais de 1.º grau. Decreto 10623 de 26/out./1977.

————. Resolução SE 134/76.

————. Indicação CEE 1/72.

————. Indicação CEE 2/91. D.O. de 2/8/91.

————. Deliberação SE 3/91. D.O. de 2/8/91.

————. Deliberação CEE 11/96. D.O. de 28/12/96.

SAUL, Ana Maria. *Avaliação emancipatória.* São Paulo, Cortez, 1988.

SAVIANI, Dermeval. *Escola e democracia.* 18.ª ed., São Paulo, Cortez, 1987.

_____. *Educação: do senso comum à consciência filosófica.* São Paulo, Cortez, 1980.

SCRIVEN, Michael. "The methodology of evaluation". *In*: WORTHEN, B. R., e SANDERS, J. R. *Educational evaluation: theory and practice.* Worthington, Ohio, Charles A. Jones Publishing Co., 1973, pp. 60-106.

SELLTIZ, C. *et alii. Métodos de pesquisa nas relações sociais.* São Paulo, EPU/Edusp, 1974.

SEVERINO, Antonio Joaquim. *Educação, ideologia e contra-ideologia.* São Paulo, EPU, 1986.

_____. "O diretor e o cotidiano na escola". CUNHA, Maria Cristina A. A. *et alii* (org.). *O papel do diretor e a escola de 1.º grau.* São Paulo, FDE (Série Idéias, n. 12), 1992, pp. 79-89.

SILVA, Z. C., e CALADO, I. H. "Avaliação escolar: uma proposta democrática". *Tecnologia Educacional.* 15 (t73): 12-19, 1986.

SNYDERS, Georges. *Pedagogia progressista.* Coimbra, Almedina, 1974.

_____. *Escola, classe e luta de classes.* Lisboa, Moraes, 1977.

SOARES, Magda B. "Avaliação educacional e clientela escolar". *In*: PATTO, Maria Helena S. (org.). *Introdução à psicologia escolar.* São Paulo, A. T. Queiroz, 1981, pp. 45-53.

SOUSA, Sandra M. Z. L. de. "Avaliação da aprendizagem: teoria, legislação e prática no cotidiano de escolas de 1.º grau". *In*: CUNHA, Maria Cristina A. A. *et alii. A construção do projeto de ensino e a avaliação.* São Paulo, FDE (Série Idéias, n.º 8), 1990, pp. 106-114.

SPIEGEL, Murray R. *Estatística.* 2.ª ed., Rio de Janeiro, Ao Livro Técnico, 1969.

TABA, Hilda. *Elaboración del curriculo.* Buenos Aires, Troquel, 1974.

TRAGTENBERG, Maurício. "Relações de poder na escola". *Educação e Sociedade.* São Paulo, Cortez, (20): 40-45, jan.-abr., 1985.

TURRA, Clódia M. G. *et alii. Planejamento de ensino e avalia-*

ção. 4.ª ed., Porto Alegre, PUC-EMMA, 1975.

TYLER, Ralph. *Princípios básicos de currículo e ensino*. Porto Alegre, Globo, 1974.

VEIT, L. M. "Avaliação: enfoque filosófico". UFRGS/Prograd/Pades. *Avaliação da aprendizagem: enfoques teóricos*. Porto Alegre, Universidade, 1983.

VIANNA, Heraldo M. *Testes em educação*. São Paulo, Ibrasa, 1973.

_____. "A perspectiva das medidas referenciadas a critérios". *Educação e Seleção*. São Paulo, Fundação Carlos Chagas, (2): 5-14, dez., 1980.

_____. "Qualificação técnica e construção de instrumentos de medida educacional". *Educação e Seleção*. São Paulo, Fundação Carlos Chagas, (10): 43-49, jan.-jun., 1984.

A AUTORA

Hélia Sonia Raphael nasceu em Marília, Estado de São Paulo. Filha de João Baptista Raphael e de Francisca Ortega Raphael, era a caçula da família, que chegou ao oeste paulista quando nem mesmo os trilhos da estrada de ferro tinham atingido o povoado, que mais tarde se tornaria o município de Marília. Seu pai, um modesto mecânico, lá construiu sua vida e constituiu família. Em meados dos anos 50, no surto de industrialização que tomou conta do país, já era um industrial emergente, que manteve na cidade a terceira empresa do Estado em sua categoria, tanto em produtividade quanto em tecnologia e volume de serviços.

A prosperidade da família colaborou para que a filha mais nova tivesse sua formação no mais tradicional colégio da cidade, o Colégio Sagrado Coração de Jesus, mantido pela irmandade religiosa do mesmo nome. Entrou aos 5 anos de idade no pré-primário e lá teve toda a sua formação até a conclusão do Curso Normal. A escola primava por uma educação feminina burguesa e, por isso, complementava as atividades regulares com outras optativas para as alunas. Foi assim que Hélia Sonia completou, no próprio colégio, sua educação com aulas de música, desenho, pintura e trabalhos manuais.

Ao terminar o Curso Normal, a opção mais lógica de continuidade era o Curso de Pedagogia. Foi a Faculdade de Filosofia, Ciências e Letras de Marília, hoje incorporada à Universidade Estadual Paulista (Unesp) como Faculdade de Filosofia e Ciências, a primeira e única escola pública que freqüentou como aluna.

Assumiu o Magistério na Escola Pública em 1967, e em

1970 direcionava sua carreira para a função de especialista, no cargo de Orientador Educacional. Foi esse o cargo em que permaneceu a maior parte do seu tempo de atuação na rede pública. Em 1993, aposentou-se como Supervisora de Ensino, cargo que exercia junto à Delegacia de Ensino de Marília.

Paralelamente à carreira na escola fundamental, trilhou o caminho da docência universitária, inicialmente na rede particular e depois na Unesp, onde é, até hoje, docente do Departamento de Administração e Supervisão Escolar do Curso de Pedagogia, no câmpus de Marília.

Os anos de exercício no cargo de orientador educacional foram decisivos para a opção do tema que ora apresenta e por uma linha de pesquisa que enfoca as questões do cotidiano da escola. Defendeu sua dissertação de Mestrado em 1993, na Unesp, sobre avaliação escolar, por julgar o tema pouco explorado e merecedor de melhor reflexão por todos aqueles que estão envolvidos com o processo educativo.

Atualmente, faz Doutorado em Educação na Unesp, onde tenta desenvolver um projeto de intervenção no processo avaliativo da escola, sob a forma de pesquisa-ação. Tem publicado, nos Anais do III Circuito Prograd, um artigo: *Projeto pedagógico: uma construção do futuro*, e, no IV Circuito: *Interdisciplinaridade: reflexões para uma pedagogia dialógica*. Em *Estudos em avaliação educacional*, da Fundação Carlos Chagas, tem um artigo: *Avaliação: questão técnica ou política?*, no exemplar de n.º 12.

Mora em Marília e tem dois filhos: Sérgio e Paula.